책임감
있게
사정하라

EJACULATE RESPONSIBLY

A Whole New Way To Think About Abortion

책임감 있게 사정하라

임신중단의 책임을 남성에게 묻다

가브리엘르 블레어 지음 | 성원 옮김

은행나무

원치 않는 임신에 대한 불안 없이
살아가게 될 미래의 사람들에게

그것을 가능하게 할
책임감 있는 사정남들에게

일러두기

☛ 독자의 편의성을 위해 영어판 참고문헌을 정리한 웹페이지(https://workman.com/EjaculateResponsibly)의 내용을 미주로 옮겼습니다.

☛ 본문의 주석은 모두 역자의 주석입니다.

☛ 원문에 이탤릭으로 강조한 부분은 고딕체로 표시했습니다.

들어가며

초점을
바꿔야 한다
문제는 남자니까

독자 여러분, 들어가기에 앞서 간략한 소개와 간단하고 진지한 부탁을 하려고 합니다.

전 2006년에 '디자인 맘Design Mom'이라는 블로그를 시작했다가 갑자기 유명해지는 바람에 사고 길잡이thought leader로 생각지도 못한 길을 가게 된 여섯 아이를 둔 어머니이자 종교인이에요. 상도 많이 받았고 그걸 뿌듯하게 생각한답니다. 제 블로그는 〈타임〉 '올해의 웹사이트'로 선정되었고 '아이리스 올해의 블로그 상Iris Award for Blog of the Year'도 받았어요. 그리고 제가 쓴 책(역시 제목은《디자인 맘》이에요)은 뉴욕타임스 베스트셀러가 되었죠. 그리고 난해한 주제의 토론에서 수백 건의 의견을 조율하기도 하고 세상에서 제일 영향력이 큰 몇 사람을 인터뷰한 적도 있어요. 제 글은 매일 전 세계에서 인용되고 공유되고 있죠. 제가 이제까지 썼던 것 중에 가장 중요한 글인 임신중단에 대한 에세이는 이 책의 토대가 되었답니다.

그 에세이에서 저는 자주 간과되는 임신중단의 원인 몇 가지를 제시했어요. 제 주장의 핵심은 임신중단의 99퍼센트는 원치 않는 임신 때문에 발생하고, 모든 원치 않는 임신의 원인은 남자라는 거예요. 임신중단을 둘러싼 지금의 논의는 전적으로 여성에 초점을 두고 이루어지죠. 여성에게 원치 않는 임신을 중단할 권리가 있는지, 여성의 몸에 관해 왈가왈부하는 식으로요. 임신중단을 확실히 줄이고자 하는 사람들(아니면 미국의 많은 주처럼 완전히 불법화하고 싶은 사람들)이 여성에게 초점을 두는 건 두 가지 이유에서 첫 단추를 잘못 끼운 거예요. ① 임신중단 불법화는 임신중단을 줄이는 데 아무런 효과가 없다는 분명한 데이터가 존재하고 ② 다시 한 번 말하지만 모든 원치 않는 임신의 원인은 **남자들**이니까요. 여성에게 초점을 맞추는 건 시간 낭비랍니다.

모든 원치 않는 임신의 원인이 남자라는 제 말을 못 믿겠다고요? 지금부터 차근차근 설명해줄게요. 이 책에 어째서 왜 그런지를 설명하는 28가지 간결한 주장을 추려놓았거든요.

사람들이 성관계를 하기 때문에 원치 않는 임신을 하게

되는 게 아니에요. 남자들이 무책임하게 사정할 때만 원치 않는 임신이 일어나죠. 남자와 성관계 상대가 아이를 가질 생각이 없는데 남자가 상대의 질 안에 자기 정자를 쏟아낼 때 말이에요. 남자들한테 그러지 말라고 요구하는 것은 대단한 부탁이 아닙니다.

우리는 매일매일 24시간 동안 생식 능력이 있는 사람 대신에 한 달에 24시간 동안 생식 능력이 있는 사람에게 임신 예방의 짐을 지워왔어요.

전 여러분이 임신중단에 대해 어떤 생각을 가졌는지 몰라요. 하지만 여러분은 이 책을 집어 들었고, 그렇다면 투쟁으로 쟁취할 권리로서든 해결해야 할 문제로서든 임신중단에 관심이 있겠죠. 임신중단에 대한 신념이나 태도가 어떻든 일단 잠시 옆으로 밀어두면 좋겠어요. 저도 그럴 거예요(제 입장이 진짜 궁금한 분은 구글에 검색하면 금방 알 수 있지만요). 왜 옆으로 밀어두냐구요? 이 책은 수십 년 동안 이 주제를 교착 상태에 빠뜨린 일반적인 찬반 논쟁과는 거리를 두려는 시도거든요. 저는 여러분이 신선하고 생산적이라고 느끼기를 바라며 새로운 접근법을 제시했어요.

새로운 사고방식에 열린 태도를 가져준다면 더할 나위 없이 고맙겠어요.

가브리엘르 블레어

표현에 대한 첨언

이 책의 주장들은 시스젠더^{cisgender}* 이성애자의 관점에서 작성되었다는 사실을 알려드립니다. 저는 모든 독자를 환영하고 모두가 제 주장에서 뭔가를 얻을 수 있길 바라지만, 제 주장에 LGBTQIA+포용적인 언어를 적용하면 그 사람이 정자를 만들어내는 사람이든 임신을 할 수 있는 사람이든 퀴어, 트랜스젠더, 넌바이너리의 고유한 경험은 지워지고 말 거예요. 그래서 저는 결국 시스젠더 이성애자로서 성적인 관계를 맺는 사람들을 위해 시스젠더 이성애자의 관점에서 주장을 펼치기로 했습니다.

시작하기 전에 여러분이 이 책에서 기대하는 바를 조정할 수도 있고, 혹여 불편함을 느끼는 분들이 없었으면 좋겠기에 이점을 처음부터 분명히 해두고 싶었어요. 그래요, 이 책은 시스젠더 이성애자의 관점에서 썼지만 어쩌면 보편적으로 적용할 수 있는 권력관계나 책임에 대한 내용을 발견할 수도 있을 거예요.

표현 이야기를 하는 김에 두 가지 어휘를 짚고 갈게요. 제가 쓰는 **사정**^{ejaculate}이라는 표현은 정액을 배출하는 그 사정을 말하

---

* 사회에서 지정받은 성별^{Sex Assigned at Birth}과 본인의 성별정체성^{gender identity}이 동일하거나 일치한다고 느끼는 사람을 뜻하는 단어. 예를 들어 출생신고서에 '여성'으로 적혀 있고 자신을 '여성'이라고 생각하는 사람이다.

는 거에요. 그리고 **임신중단**abrotion이라는 단어를 사용할 때는 모든 임신중단의 약 99퍼센트에 달하는 원치 않는 임신 때문에 일어나는 선택적인 임신중단을 가리키는 거예요. 발달 중인 태아나 산모의 건강 문제 때문에 원했던 임신을 중단하는 경우는 가리키지 않는답니다. 덧붙여 저는 일시적이거나 영구적인 불임을 겪는 사람들도 있다는 건 충분히 알고 있지만 이 책의 주장들은 남녀 모두 완전한 생식 능력을 지녔다는 전제하에 썼음을 밝힙니다.

차례

남자는
여자에 비해
생식 가능한 날이
50배 더 많다

생물학 이야기부터 해보자. 여자의 몸은 사춘기부터 완경기까지 35~40년 동안 매달 24시간 정도 수정受精 가능한 난자를 만들어낸다. 이 24시간이 월요일 한낮에 시작했다가 화요일 한낮에 끝날 수도 있으니 이틀 동안 난자가 수정 가능한 상태라고 말하곤 하지만, 정확히는 24시간 정도다.[1]

한편 남자의 정자는 매일 매 순간 수정 가능하다.[2] 나이가 들면 정자도 노화한다고 알려져 있지만[3] 어쨌든 남자는 죽는 날까지 정자를 만들어낸다.[4]

어떤 80세 여자가 40년간 월경을 했다면 평생 생식 가능한 날이 480일이었을 것이다.

어떤 80세 남자가 12세에 사춘기가 시작되었다면 생식 가능한 날이 24,208일이었을 것이다.

자, 그럼 산수를 해보자. 24,208을 480으로 나눈 다음… 소수점 이하는 버리자. 그러면 남자의 생식 가능한 날이 여자보다 50배 이상 많다는 결과가 나온다.

여자가 성관계를 할 때는 대부분의 경우 난자가 수정 가능한 상태가 아니기 때문에 임신이 되지 않는다. 남자가 성관계를 할 때 정자는 항상 수정 가능한 상태이기 때문에 누군가를 임신시킬 수 있다. 이론상 1년 내내 생식 능력이 있는 남자는 생식 능력이 있는 서로 다른 여자(한 명 이상!)를 매일 임신시켜서 365번(또는 그 이상!)의 임신을 유발할 수 있다. 같은 1년 동안 한 여자는 임신에서 출산까지의 과정을 단 한 번만 경험할 수 있다.

논의를 발전시키기에 앞서 생식 능력의 막대한 격차를 확실하게 짚어두어야 한다. 호들갑을 떨려는 게 아니다. 이건 단순한 생물학적 사실이다. 이는 남자와 여자가 생식 능력과 임신 유발 잠재력이라는 측면에서 동등하지 않다는 현실을 여실히 보여준다. 한쪽의 생식 능력이 월등히 높다.

원치 않는 임신과 임신중단 논의에서 이제까지 거의 언급된 바 없는 이 기초적인 생물학적 사실은 실은 이 논의의 핵심이다. 이 사실은 다른 모든 주장에 영향을 미친다.

생식 능력의 막대한 격차를 인지하고 나면 임신과 임신

중단은 '여자의 문제'가 아님이 명확해진다. 남자들은 임신에서 부차적이거나 보조하는 역할에 머물지 않는다. 평생 유효한 남자들의 생식 능력은 모든 원치 않는 임신을 유발하는 주요한 동력이다.

정자는 5일까지 살아 있다

'보통의normal' 생식 능력을 가진 여자는 약 4주에 한 번 난자 한 개를 만들어낸다. 이 난자가 수정 가능한 시간은 약 12~24시간이다. 워낙 짧은 시간이니 임신을 피하기는 상당히 쉬울 것 같다.

　하지만 실제로는 그렇게 만만하지 않다.

　일단 정자가 난자보다 훨씬 수명이 길다. 여자의 몸에 들어간 정자의 생식 능력은 닷새나 유효하다.[1]

　어떤 남자와 여자가 월요일에 섹스를 했다고 가정해보자. 남자가 여자의 질 안에 정자를 넣으면 그중 일부는 그 주위에 들러붙는다. 그 후 이 남자와 여자는 서로 다른 도시에 있는 직장으로 떠나고 일주일 동안 만나지 않는다.

　월요일, 이 여자의 난자가 수정 불가능한 상태이고, 따라서 남아 있는 정자는 난자를 수정시키지 못한다.

화요일, 여자의 난자가 수정 불가능한 상태이고, 따라서 정자는 난자를 수정시키지 못한다.

수요일, 여자의 난자가 수정 불가능한 상태이고, 따라서 정자는 난자를 수정시키지 못한다.

목요일, 변화가 일어난다. 여자의 난자가 수정 가능한 상태가 되어 아직 여자의 질에 남아 있던 정자가 불과 몇 시간 전까지만 해도 수정 불가능한 상태였던 난자의 벽을 뚫고 들어갈 수 있다.

목요일, 여자는 월요일에 했던 섹스 때문에 임신하게 된다.

따라서 여자의 난자는 한 달 중 24시간 동안만 수정 가능한 상태지만 현실적으로 임신을 피하려면 24시간의 가임 기간뿐만 아니라 그 전 닷새 동안 정자와 난자를 분리해야 한다. 의사들은 더 확실하게 임신을 피하려면 가임기 이전 7일 동안 정자를 난자와 떨어뜨리라고 권한다.

별로 복잡할 건 없어 보인다. 한 달에 일주일 동안 정자를 난자와 떨어뜨려 놓기. 가능해 보인다. 어려울 것 없다. 한 가지 큰 문제만 빼면. 바로 여자는 자신의 난자가 언제 수정 가능한 상태가 될지 알 수 없다는 것이다.

여자의
가임 여부는
예측할 수 없다

여자에게 자신의 난자가 수정할 준비를 마쳤음을 알려주는 화려한 네온 전광판 같은 건 없다. 알람 시계도 울리지 않는다. 가임기를 알려주는 조리형 타이머 같은 것이 여자에게 내장되어 있지도 않다.

가임 여부를 **추정**할 수 있는 방법은 여러 가지 있다.[1] 체온 변화, 자궁경부의 미끌한 느낌, 유방이 부드러워짐 등등. 유방 통증이 있는 여자는 사실 배란기일지도 모른다. 아마도, 어쩌면 말이다.

월경주기가 시계처럼 정확해서 이 믿음직한 주기를 이용해 자신의 가임기를 **추정**할 수 있는 여자도 있다. 일반적으로 의학에서는 최근 월경 시작일로부터 14일 뒤에 배란이 일어난다고 하지만 데이터를 보면 신뢰하기 힘들다. 월경주기가 아주 규칙적이었던 사람도 월경주기가 변덕을 부릴 수 있기 때문이다. 여자는 최근 월경 시작일로부터 14일 뒤에 배란을 할 수도 있다. 아마도, 어쩌면 말이다.

몸이 아무런 사전 경고 없이 변덕을 부린다면 신체적 신호·리듬·주기를 추적해봐야 무용지물인데, 실제로 몸은 아무런 경고 없이 변덕을 부린다. 신체적 신호를 읽고 앱을 이용해 변화를 추적해볼 수는 있지만 그게 정확한지는 아무도 장담하지 못한다.

당신은 이렇게 생각할지도 모르겠다. '그게 말이 돼? 배란이 언제 일어나는지 예측하기가 **그렇게 어렵다고?'** 믿기 힘들겠지만 사실이다. 2020년 과학 저널 〈휴먼리프로덕션 오픈Human Reproduction Open〉에 발표된 32,595명의 여자를 대상으로 한 연구를 보자.[2] 이 연구의 목표는 다양한 길이의 월경 주기를 연구해서 배란이 실제로 언제 일어나는지를 알아보는 것이었다.

오, 이런 맙소사. 결과는 놀라웠다. 임신하고 **싶어서** 자신의 **가임기를 열심히 추적하던** 여자들에게 14일 뒤 배란이라는 교과서적 안내는 들어맞지 않았다. 연구 결과의 일부를 정리하면 아래와 같다.

☛ 연구 참여자의 31퍼센트가 자신의 주기가 28일이라고 믿었지만, 실제로 주기가 28일이었던 참여자는 12퍼센트뿐이었다.

- 참여자의 87퍼센트는 월경주기가 23~35일이었다.
- 참여자의 절반 이상(52퍼센트)이 월경주기에 5일 이상의 변칙이 있었다.
- 주기가 28일인 참여자들 사이에서도 배란일은 10일에 달하는 차이가 있었고 월경주기가 다른 경우에도 배란일의 편차는 똑같이 나타났다.

해당 연구는 이런 결론을 내린다.

월경주기를 예측할 수 있다 해도 배란일은 매우 변덕스러워서 월경주기만으로 가임기를 정확히 예측하기는 어렵다.

여성의 평균 월경주기는 28일이지만 편차가 상당할 뿐만 아니라 한 여자의 월경주기도 종종 달라진다. 이에 따라 가임기 역시 대단히 들쭉날쭉할 가능성이 높다.

이러한 연구 결과는 여성의 월경주기를 일반화하기 어렵다는 사실을 보여준다.

이 연구는 앱을 활용해 가임기를 추적하려는 시도를 직접 언급한다.

임신하려는 여자들 사이에서 가임기를 추적하는 앱이 점점 널리 사용되고 있고 많은 앱이 사용자의 월경주기만으로 배란일을 예측할 수 있다고 주장하지만, 그 예측의 정확성은 극도로 낮을 수 있다. 이런 앱들은 여자마다 가임기가 다르다는 증거를 무시한 채 모든 여자의 가임기가 동일한 길이라고 가정한다.

월경주기나 신체적 신호나 앱으로 여자의 가임 여부를 판단하는 것을 믿을 만한 피임법으로 보긴 힘들다. 오히려 심각한 문제들이 잠재한 위험천만한 시도일 뿐이다.

가임 여부 테스트라는 것도 존재하지만 "사정된 정자는 5일간 생식 가능한 상태"라는 성가신 문제를 해결해주지는 못한다. 이 테스트는 당사자가 테스트한 그 순간에 배란이 임박했는지를 알려줄 뿐이다. 하지만 다음 주나 며칠 뒤에 배란한다고 미리 알려주지는 못한다.

가임 여부 테스트는 임신을 **시도하는** 사람들을 위해 고안된 것이지 가임기 동안 난자와 정자를 떨어뜨려 놓으려는 사람들을 위해 고안된 것도, 그런 사람들에게 하등의 쓸모가 있는 것도 아니다. 테스트 결과가 양성이라면 임신하려고 노력하는 사람에게 '지금 당장 성관계를 해! 곧 배란이 된다고. 그러니까 정자를 네 질 속에 대기시키는 게 좋겠어!'라고 알려줄 뿐이다.

임신을 피하려는 사람에게 가임 여부 테스트의 양성 판

정은 '아이고! 지난 5일 동안은 성관계를 안 했길 바라. 그리고 앞으로 며칠 동안도 성관계를 하지 않아야 해'라는 뜻일 뿐이다. 별 쓸모는 없다.

가임 여부 테스트를 피임법으로 활용한다는 발상은 그럴싸해 보일 수 있다. 난자가 수정 가능한 기간은 고작 12~24시간뿐이지 않은가. 하지만 정확한 결과를 얻으려면 매달 아주 여러 번 테스트를 해야 하고, 그걸 다 한다손 쳐도 사정된 정자의 생식 능력이 5일 동안 유지된다는 문제는 여전히 해결할 수 없다. 게다가 이 테스트는 계획을 세우는 데는 도움이 되지 않는다. 다음 주에 있을 신혼여행 기간에 배란이 일어날지 예측해주지 못한다는 뜻이다. 내가 만난 산과 의사는 이렇게 말했다. "만일 임신하려고 노력 중이라면 가임 신호를 추적하는 것은 정말 유용하지만, 배란은 추적할 만한 외적인 신호를 주지 않고 한 번씩 건너뛰거나 지연될 수 있기 때문에 임신을 예방하는 데는 좋지 않고 피임법으로 사용하는 건 **절대** 권장하지 않습니다."

아직도 여자의 가임기를 예측하기가 너무 힘들다는 말을 못 믿겠다고? 회당 평균 1,300달러의 비용을 치르면서 십수 번씩 인공수정을 해본 여자들과 허심탄회하게 이야기해보면 제대로 실감날지 모르겠다.[3]

결론적으로 여자의 가임 여부를 추적하는 것은 까다롭고 대체로 부정확하다. 하지만 지금은 여자의 몸에만 워낙 초점을 맞추다 보니 난자가 수정 가능한 상태가 되는 24시간이 언제일지를 알아내는 데 많은 에너지를 쏟는다.

한편 우리는 남자들의 가임 상태를 모르는 척한다. 그 시기를 추적하지도 않는다. 이를 추정하는 앱은커녕 약국에 남자들이 가임 상태인지 확인하는 테스트기도 없다. 그럴 필요가 없기 때문이다. 남자들이 언제 가임 상태인지 이미 알고 있으니까. 남자들은 매일, 온종일 가임 상태다.

지금의 피임 산업은 한 달에 한 번 짧고 예측하기 힘든 여자들의 가임기를 중심으로 구축되어 있고, 항시 가임 상태인 남자들에 대한 대비, 혹은 그 비슷한 것도 전무하다. 완전히 엉뚱한 데다 터무니없는 에너지를 쏟고 있는 것이다.

이게 얼마나 비상식적인지 비유를 들어보겠다. 아무 이유 없이 당신을 괴롭히는 이웃이 몇 명 있다고 해보자. 한 사람은 매일 한밤중에 현관 앞에 개똥 봉지를 놓고 간다. 그래서 매일 아침 일어나 밖에 나가면 현관에는 늘 개똥 봉지가 놓여 있다. 너무 역겹고 냄새도 고약하다. 게다가 끈질기다. 어떨 땐 깜빡하고 집을 나서다가 개똥 봉지를 밟는 바람에 신발에 개똥이 묻기도 한다. 그래서 매일 개똥 봉지를 집어서 버려야 한다.

또 다른 이웃은 한 달에 한 번 당신의 현관 앞에 음식물 쓰레기 봉지를 놓고 간다. 그 시기는 예측하기 어렵다. 정확히 언제 나타나는지는 몰라도 어쨌든 한달에 한 번은 놓고 간다. 마찬가지로 역겹고 냄새가 지독하다. 그리고 당신이 그 쓰레기를 치워야 한다.

이 시나리오에서 가장 큰 문제는 밤에 오는 개똥 인간이다. 당연히 음식물쓰레기도 놓고 가지 못하게 하고 싶지만 개똥 인간이 더 집요하다. 매일 밤 온다. 개똥 인간의 문제를 해결하면 가장 큰 골칫거리에서 벗어날 수 있다.

그런데 이 집의 주인이 개똥 인간은 나 몰라라 하고 음식물쓰레기를 놓고 가는 사람이 매달 정확히 언제 나타나는지를 알아내는 데만 집착한다면 우리는 뭐라고 말할까? (지난달에 그 인간은 13일 오밤중에 나타났고 두 달 전에는 14일 새벽 6시에 나타났단 말이지. 그럼 이달에는 아마 15일에 나타나지 않을까? 아, 그런데 석달 전에는 15일에 나타났단 말이야. 흠. 아직 패턴이 파악이 안 되는군. 하지만 분명 알아낼 수 있을거야.) 우리는 어리석은 대처라고 말할 것이다.

완벽한 비유는 아니지만, 적어도 임신을 예방하고자 할 때 남자의 가임 상태가 아니라 여성의 가임기에 집중하는 행태가 얼마나 엉뚱한지를 보여준다.

우리는 사정을 의도성이 없고 예상하거나 예측할 수 없는, 마치 무작위로 일어나는 사건처럼 취급한다.

반면 배란은 사전에 정확히 파악하고 쉽게 예측할 수 있는 일처럼 취급한다.

어째선지 우리는 이 두 가지를 완전히 혼동하고 있다.

배란은
비자발적이지만
사정은
자발적이다

여자는 자신의 가임기를 조절하지 못한다. 배란을 언제 시작하고 언제 마칠지 결정하거나 난자의 움직임을 통제할 수 없다.[1] 성관계를 하는 동안 여자는 자신의 몸 밖으로 난자를 빼내서 다른 누군가의 몸에 넣지 못한다. 수정 가능한 상태의 난자는 정자가 가까운 곳에 있을 때 활성화되어 정자와의 상호작용을 통해 정자가 난자 표면을 뚫고 들어올 수 있도록 돕지만, 그 전까지는 자기 위치에서 그저 기다리고 있다. 자신을 수정시킬 수 있는 무언가를 찾아서 몸 밖으로 나가지도 않는다.

남자는 자신의 사정 시기를 조절할 수 있다. 얼마나 자주 사정할지 통제할 수 있고 정자를 자신의 몸 밖으로 빼내서 다른 누군가의 몸에 넣겠다고 능동적으로 선택할 수 있다. 그리고 남자의 정자는 활동적이다. 사정되는 순간부터 정자는 수정시킬 난자를 찾아 바로 탐색에 나선다.

배란과 착상은 비자발적인 과정이다. 배란은 성관계를 하든 하지 않든 일어난다. 배란은 임신이라는 결과로 이어지지 않아도 대체로 매달 일어난다. 배란은 남자가 사정을 해서 질에 정자를 넣겠다고 선택할 때만 임신으로 이어진다.

정자는 수정시킨다. 난자는 수정된다.

배란은 비자발적이다. 사정은 자발적이다.

여성용 피임법은
접근도 사용도
어렵다

여성용 피임법은 셀 수 없이 많은 여자의 삶을 개선한 현대의 기적이다.

2019년 유엔은 전 세계 약 8억 4,200만 명이 현대적인 피임법을 사용한다고 추정했다(현대적인 피임법으로는 피임약을 포함한 호르몬을 통한 피임법, 자궁 내 피임장치 삽입술이나 난관결찰술* 같은 불임시술이 있다).[1] 미국의 경우 기혼 여성의 90퍼센트, 오랜 파트너가 있는 비혼 여성의 93퍼센트가 피임법을 이용했으며 종교(본토개신교, 복음주의개신교, 천주교)가 있다고 밝힌 여성의 99퍼센트, 전체 여성의 88퍼센트가 피임법을 이용했다. 심지어 보험이 없는 미국 여성 중

---

*   난자를 자궁으로 전달하는 난관을 묶는 수술로, 영구피임법의 하나다.

에서도 81퍼센트가 어떻게든 피임법을 이용한다.[2]

내가 개인적으로 아는 여자들은 모두 어떤 식으로든 피임법을 이용한 경험이 있다. 여기에는 성적으로 휴지기인 여자, 남자와 성관계를 한 적이 없거나 지금은 하지 않는 여자들도 포함된다. 여성용 피임법은 임신 방지뿐만 아니라 여러 건강상의 이유로도 처방되기 때문이다. 나는 피임을, 선택지가 있음을 감사하게 생각한다. 많은 여자에게 아주 효과가 좋다는 것 역시 고마운 일이다. 피임법을 활용하는 여자에게 낙인을 찍거나 이를 수치스러워하지 않는 현실에 감사한다. 하지만 피임은 책임이며 종종 부담이 된다는 사실을 잊어서는 안 된다.

호르몬을 활용한 여성용 피임법은 (피임약을 비롯해) 60년 넘게 이용되었고 워낙 일반적이어서 정말로 손쉽게 접근하고 활용할 수 있다는 듯 이야기할 때가 많다.[3] 그냥 감기약 사듯 약국에서 피임약 한 팩을 집어 들기만 하면 된다는 식이다.

하지만 실상은 전혀 그렇지가 않다. 피임약도, 다른 어떤 형태의 여성용 피임법도 그렇게 쉽게 접근하고 이용하지 못한다.

여성용 피임법(알약, 패치, 링, 주사, 자궁 내 피임장치)을 이용하려면 처방전이 필요하다.[4] 모든 여성이 어떤 형태든 일반적인 피임법에 접근하려면 먼저 의사와 약속을 잡고 검사를 받아야 한다는 의미다.*

이게 뭐 대수라고? 병원 예약만 하면 되는걸. 새 환자를 받아줄 의료 서비스 제공자를 찾으면 된다. 의료보험만 있으면, 이 의사가 내 보험을 받아주는지 한 번 더 확인하면, 예약한 날짜까지 6주만 기다리면, 보험이 적용되지 않는 본인 부담금만 마련하면 된다. 조퇴를 하거나, 학교에 빠지거나, 아이돌보미를 구해서 예약일에 병원에 가기만 하면, 의사가 차가운 금속성 의료 도구로 나의 가장 민감한 부위를 살펴보는 동안 검사 테이블에 다리를 벌리고 있으면 된다. 그러고는 약국을 찾아가서 45분 동안 줄을 서 있다가 처방전대로 약만 타가면 된다. 운이 좋아 안정된 거주지가 있다면 온라인 약국 계정을 만들어서 피임약을 배송받을 수도 있다(대신 계정에 계속 들어가서 배송이 제때 이루어지는지, 처방받은 날짜를 넘기지는 않는지 확인해야 한다).[5]

의사가 처방한 피임약이 몸에 맞지 않으면 다시 예약을 잡아 다른 약을 처방받거나 다른 피임법을 찾아야 할 것이다. 어떤 피임법을 선택하는지에 따라 자궁 내 피임장치를 삽입하거나 3개월 주기로 주사를 맞기 위해 추가 예약이

---

*　한국의 경우 사후피임약은 처방전이 필요하지만 사전피임약은 처방전 없이 약국에서 구입할 수 있다. 그러나 본인의 몸에 맞게 사전피임약을 복용하려면 역시 의사와 상담해야 한다. 원서가 출간될 당시 미국에서는 처방전 없이 사후피임약만 구입할 수 있고 사전피임약은 구입할 수 없었으나 2024년 3월 처음으로 처방전 없이 구매할 수 있는 사전피임약이 유통되었다.

필요할 수도 있다. 잘 맞는 피임법을 발견해도 여전히 처방전을 타기 위해 최소한 1년에 한 번은 병원 예약을 다시 잡아야 하는데, 만일 피임약, 패치, 링을 사용한다면 온라인 약국 계정을 꾸준히 확인하면서 새로운 처방전을 받거나 정기적으로 약국에 방문해 처방전에 맞는 물건을 받아와야 할 것이다. 아, 또 있다. 어느 단계에서든 새로운 지역으로 이사할 경우 갈 만한 병원을 물색하는 작업부터 전 과정을 반복해야 한다.

미성년자가 피임 처방전을 받으려면 부모의 도움이 필요할 수 있는데, 사람에 따라서는 너무 두렵거나 불가능한 일일 수도 있다. 18세 이상이어도 난생처음 혼자서 피임 처방전을 받으러 갈 때 역시 공포스러울 수 있다.

당장 성관계 상대가 없다면 추가 고지가 있을 때까지 병원 예약을 연기하거나 아니면 처방전의 효력이 만료될 때까지 그냥 내버려둘 수도 있다. 하지만 나중에 다시 성생활을 시작하려면 이 모든 절차를 처음부터 다시 밟아야 한다.

원치 않는 임신을 피하려는 사람들의 일을 더 복잡하게 만드는, 피임법에 접근하기 어렵게 만들려고 애쓰는 사람들도 있다. 2020년 7월 대법원은 종교적이거나 도덕적인 이유에서 피임에 반대하는 민간 고용주는 직원의 의료보험 상품에서 무료 피임을 선택지에 포함하지 않아도 된다고 판결했다.[6] 그 뒤 2022년 6월 '로 대 웨이드Roe v. Wade'

판결이 번복되었고 대법원 판사 클래런스 토머스는 기혼 부부의 피임 이용을 합법화한 '그리스월드 대 코네티컷 Griswold v. Connecticut' 판결 역시 뒤집힐 수 있음을 시사했다.[7]

그러니까 여자가 피임법을 손에 넣고 유지하는 건 생각보다 복잡하고 까다롭다. 하지만 일단 성공적으로 피임법이 적힌 처방전을 확보하면 다행스럽게도 만사가 순조롭다.

…라고 말할 줄 알았다면 오산이다!

피임약/패치/링/주사의 심각한 부작용은 우울증, 피로감, 두통, 불면증, 감정 기복, 욕지기, 유방통, 구토, 체중 증가, 여드름, 부기, 혈전, 심근경색, 고혈압, 간암, 뇌졸중 등 한두 개가 아니다.[8] 그리고 여자가 월경주기 중 언제 실시하느냐에 따라 피임법의 효과가 나타나는 데만 2~7일이 걸릴 수 있다.[9] 처방을 받아 피임법을 이용한다 해도 즉시 보호받지는 못하는 것이다.

구리로 된 자궁 내 피임장치를 삽입한 경우, 여러 달, 또는 1년 이상 매일 상당한 출혈을 겪을 수도 있다.[10] 이는 정확히 알 수 없는 기간 동안 **매일** 생리대나 탐폰이나 생리컵을 쓰면서 때로는 침구를 세탁하고 교체해야 한다는 뜻이다. 이 모든 일에는 시간과 에너지와 자원이 들어가고, 삽시간에 눈덩이처럼 불어난다. 호르몬을 이용한 자궁 내 피임장치는 불규칙한 월경 출혈을 유발하기도 한다.[11] 거의 무월경 상태가 되거나 전보다 적은 월경혈을 오랜 기간 흘

리게 되는 사람도 있다. 그 외에도 두통, 여드름, 유방압통, 감정 기복, 골반통, 극심한 월경통 등의 부작용이 나타난다. 만일 자궁 내 피임장치를 고려하고 있다면 호르몬 피임장치를 선택해 부작용을 감당할지, 구리 피임장치를 선택해 길고 빡센 월경을 견뎌낼지 간담이 서늘해지는 선택이 주는 스릴을 만끽하길 바란다.

여기서 끝이 아니다. 일부 항생제, 항진균제, 구역질 치료제처럼 호르몬을 이용한 피임법의 효력에 영향을 주는 약물도 주의해야 하기 때문이다.[12]

모든 여자가 부작용을 경험하는 것도 아니고, 대수롭지 않게 여기는 경우도 있다. 하지만 많은 여자에게 피임의 부작용은 큰 걸림돌이다. 그럼에도 해야만 한다.

여자들은 대부분 피임법의 위험성에 관해 자세한 내용을 듣지 못하고,[13] 부작용으로 고통받는다 해도 그건 어쩔 수 없는 일이라는 태도에 직면하곤 한다. "제발 투덜대지 좀 마. 피임은 원래 그런 거야. 하고많은 여자들이 그냥 받아들이잖아. 네가 겪는 일이 그렇게 호들갑 떨 문제가 아니라니까. 성생활을 하려면 그 정도는 감당해야지. 그냥 그러려니 해."

존슨앤존슨Johnson&Johnson의 코로나19 백신을 생각해보라. 이 백신은 혈전을 유발한다는 사실이 발견되자 10일간 투약이 중단되었다. 백신을 맞은 700만 명 가운데 6명에게서 심각한 혈전이 발생했던 것이다. 그중 한 명은 사망했다. 당시 존슨앤존슨 백신의 혈전 발생률은 100만분의 1 이하였는데도 뉴스 헤드라인을 읽기가 겁날 정도였다.[14]

그런데 상용화된 여성용 피임법들의 혈전 위험이 이보다 훨씬 높다. 경구피임약은 혈전 발생률을 3배 증가시킨다.[15] 미국 식품의약청FDA에 따르면 피임약 이용자 1만 명 중 3~9명에게서 심각한 혈전이 발생한다[16](전 세계 3억 2,700만 명이 이러한 호르몬형 피임약을 복용하고 있다[17]).

지금까지 알려진 사실에 근거하면 피임약은 어떤 코로나19 백신보다 위험하다. 그런데도 매일 거침없이 처방되고, 13세나 14세(때로는 이보다 어린 나이에)부터 처방될 때도 많다.[18]

게다가 많은 여자가 복용하는 피임약은 성관계를 하지 않는 날에도 호르몬을 흡수하고 그에 따른 (필연적인 건 아니지만) 부작용을 감내해야 한다는 사실도 유념해야 한다.

실제로 피임약을 복용하는 실생활의 사례를 생각해보자. 첫번째 사례. 여자가 결혼을 하고 피임약을 복용한다. 남편은 앞으로 3개월 동안 다른 지역으로 출장을 갈 예정이지만, 주말에 한 번씩 집에 올 수도 있다. 이 여자는 그 때문에 3개월 동안 매일 피임약을 먹는다. 남편과 아주 드물게 성관계를 하는데도 매일 호르몬을 흡수하고 그 부작용에 대처한다.

두 번째 사례. 한 싱글 여자가 남자친구와 데이트를 하면서 임신하지 않으려고 피임약을 먹고 있었다. 그런데 이 남자친구와 헤어지고 나서 고민에 빠진다. 피임약을 계속 먹어야 하나? 지금 당장 꿈에 그리던 이상형을 찾으면 어떡하지? 여자는 만일을 대비해서 피임약을 계속 먹기로, 매일 호르몬을 흡수하고 그 부작용에 대처하기로 결심한다. 하지만 결국 여러 달 동안 누구와도 성관계를 하지 않는다.

남자들이여, 당신의 여자친구/아내/파트너가 당신을 위해 무슨 일을 하고 있는지를 생각해보라. 그의 삶에서 임신 가능한 기간은 고작 3퍼센트뿐인데도 성관계를 하든 하지 않든 항시 임신을 방지하려고 노력하고 있다.

좋은 소식이 있다면 피임이 어찌나 중요한지 대부분의 여자가 병원 예약을 기꺼이 잡는다는 것이다. 비용과 불편함, 번잡한 일상에서 피임을 유지하기 위한 곤란함과 부작용 같은 난관이 있어도 여자들은 단호하게 피임을 책임지려 한다. 80억 달러에 달하는 피임 시장의 무려 90퍼센트를 여자가 이용하는 피임법이 차지한다는 사실이 이를 입증한다.[19]

덧붙이는 말 1

사람들과 피임약에 대한 대화를 나누면서 나는 당황스러울 정도로 많은 수가 여자는 성관계 직전에 피임약을 복용하면 되고, 성관계를 하지 않으면 그날은 피임약을 복용할 필요가 없다고 생각한다는 걸 알게 되었다. 피임약을 마치 머리가 아플 때 먹는 아스피린이나 이부프로펜처럼 여기는 것이다. 두통이 실제로 있을 때만 약을 먹듯 말이다. 하지만 피임약은 그렇지 않다. 어떤 경우든 매일 먹지 않으면 효과가 없다. 약을 복용하고 나서도 일주일이 꼬박 지나야 효과가 나타날 수도 있다.

덧붙이는 말 2

여자들이 어째서 불필요할 정도로 복잡하게 피임약을 복용해야만 하는지 알면 경악을 금치 못할 것이다. 수전 워커Susan Walker*는 〈더 컨버세이션The Conversation〉에 쓴 "당신이 피임약을 복용하는 방법은 당신의 건강보다 교황과 더 연관이 깊다"라는 글에서 피임약이 어떻게 월경일을 거짓으로 꾸며내게 되었는지를 비롯해 피임약의 숨겨진 역사를 상세하게 풀어낸다.

---

*   영국 앵글리아 러스킨 대학교 조산학·공중보건학 부교수.

이게 무슨 소리일까? 일반적인 피임약은 21일 동안 복용하고 나서 7일 동안 휴지기를 갖는데 이 휴지기에 복용자는 위약을 복용하고(28알로 구성된 피임약 표준 패키지에는 위약 7알이 포함되어 있다) 질 출혈을 경험한다. 그래서 피임약을 복용하는 여자들은 매달 '월경'처럼 보이는 일을 겪는다. 하지만 이 '월경'은 조작된 것이고 심지어 아무짝에 쓸모가 없다. 여자가 일주일 동안 피임약 복용을 중단하고 대신 위약을 복용하면 호르몬 수치가 떨어져서 자궁 내막이 떨어져나가게 된다. 하지만 이는 월경혈과는 다르다. 몸에서 난자를 내보내지 않기 때문이다. 엄밀히 말해서 이 '월경'은 소퇴성출혈withdrawal bleeding이다.

7일간의 휴지기와 그때 일어나는 가짜 '월경'은 교황이 "이 새로운 피임법을 자연적인 월경주기의 연장선으로 받아들이도록 설득하려는 시도"로 피임약 안에 설계되었다고 한다.[20]

이 시도는 성공하지 못했고, 지금의 교황도 대부분의 경우 피임을 계속 금지한다. 하지만 여전히 7일간의 '휴지기'는 피임약의 일부로 남아 있고, 이 부질없는 눈속임은 실수할 가능성, 즉 원치 않는 임신을 하게 될 위험성을 높인다. 피임과 관련된 대부분의 것들이 쓸데없이 복잡하고 까다로우며, 권력을 쥔 남성들이 이런 골치 아픈 상황에 큰 책임이 있음을 일깨워주는 사례가 아닐 수 없다.

남성용 피임법은 접근도 사용도 쉽다

남자가 쓸 수 있는 피임법은 크게 두 가지, 콘돔과 정관절제술*이다.[1]

이 두 방법은 여성용 피임법에 비해 더 쉽고 싸고 편리하고 안전하다.

콘돔은 모든 슈퍼마켓, 약국, 잡화점, 주유소, 편의점에서 구입할 수 있다. 나이트클럽과 공중화장실에는 콘돔 자판기도 있다. 하루 24시간, 1년 365일 구입할 수 있다. 아마 미국 전역에서 가장 쉽게 접근할 수 있는 상품일 것이다.

콘돔은 저렴하다. 미국에서 30개들이 콘돔 한 상자의

---

*   정소에 연결된 정관을 절단하고 양쪽 끝을 꿰매어 정자의 이동을 차단하는 시술로, 영구 피임법의 하나다.

가격은 평균 10달러다.[2] 50개 주에서 공짜로 콘돔을 얻을 수도 있다.[3] 온라인으로 주문하면 집으로 배송받을 수 있고, 보건소나 다른 보건 기관에서 가져와도 된다(처방전도, 허가도 필요 없고, 아무런 질문도 받지 않는다). 근처 대학교의 보건소에 가면 사람들이 자유롭게 가져갈 수 있도록 비치된 무료 콘돔이 담긴 통을 심심찮게 볼 수 있다.

콘돔은 편리하다. 병원 예약도, 가장 민감한 부위를 들쑤시는 동안 이를 악물며 불쾌함을 참아야 하는 검진 절차도 필요 없고, 처방전 없이 쉽게 구할 수 있다. 구입하고도 3~5년은 보관할 수 있다.[4] 그저 한 상자 사두면 더 고민할 것도 해야 할 일도 없다.

콘돔은 종류가 다양하다. 크기, 재질, 윤활제 종류, 심지어 향도 다르다.[5] 만일 어떤 브랜드의 콘돔이 마음에 들지 않으면 가장 마음에 드는 걸 찾을 때까지 여러 콘돔을 써볼 수 있다. 남자 또는 그 사람의 파트너가 라텍스 알레르기가 있으면 다른 재질을 쓰면 된다. 그러니까 콘돔에 관한 문제로 병원 예약을 여러 번 잡을 필요는 없다.

콘돔은 뒤처리가 매우 간단하다. 작은 주머니 하나에 정자가 모두 담기기 때문에 정자가 침구나 옷에 묻거나 파트너가 화장실로 걸어갈 때 몸에서 줄줄 흘러내릴 일도 없다(보너스 점수 획득!).

콘돔은 필요할 때만 사용하면 된다. 남자들은 파트너에

게 막 삽입하는 순간에 콘돔을 사용할 수 있다. 그 전에는 쓸 데도 없다. 성관계를 하지 않는 날에는 콘돔이 전혀 필요 없다. 성관계를 할 줄 알았는데 그러지 않게 되어도, 만일 파트너와 떨어져 있어 성관계를 할 수 없을 때도 콘돔은 필요하지 않다.

마지막으로 콘돔은 효과가 좋다. 정확하게 사용할 경우 콘돔은 피임 성공률이 98퍼센트에 달한다.[6] 뿐만 아니라 콘돔에는 추가적인 초능력이 있다. 임신뿐만 아니라 성병까지 예방한다. 여성용 피임법은 성병과 맞서 싸우는 초능력이 없다.

콘돔은 부작용도 없다. 우울증, 감정 기복, 혈전, 간부전, 체중 증가, 여드름, 뇌졸중, 그 외 호르몬을 이용한 피임법의 부작용 목록에 있는 어떤 것도 유발하지 않는다.

안전하고 저렴하고 접근도 편한데 대단히 효과가 좋은 피임법이라고? 쟁여둘 수도 있다고? 성관계를 하는 동안만 잠깐 사용하면 되는데 아무런 부작용이 없다고? 만점짜린데!

콘돔을 별로 좋아하지 않는다면? 남자들에게는 정관절제술이라는 선택지도 있다. 정관절제술은 안전하고 효과적이고 복원율도 대단히 높다.[7] 외래로 접수해 의사의 진료실에서 국소 마취만으로 빠르게 할 수 있는 시술이어서 입원할 필요도 없다.

정관절제술은 회복이 빨라서 대부분 2~3일 뒤면 출근할 수 있고 3~7일이 지나면 신체 활동도 다시 할 수 있다. 다만 회복 기간에는 얼린 완두콩 주머니 같은 것을 달고 텔레비전 앞에 앉아 있어야 한다[8](정관절제술의 쓰라림과 통증을 폄하하고 싶지는 않지만, 만일 이 때문에 받기가 망설여진다면 미국과 전 세계 수백만 여자들이 사용하는 여성용 피임법들의 경우 쓰라림은 물론 잔인하고 심각한 갖가지 부작용이 악명을 떨친다는 사실을 상기시켜주고 싶다).

다시 말하지만 정관절제술은 안전하고 보험이 적용되는 경우가 많으며, 피임 성공률이 99.99퍼센트여서 남자들이 사용할 수 있는 피임법 중에서 제일 신뢰할 만하다.[9] 또 다른 장점도 있다. 의사들은 정관절제술을 한 뒤에도 성기능이나 쾌감 면에서는 아무런 차이가 없다고 장담한다. 여전히 발기와 사정을 할 수 있고 모든 것이 전과 똑같이 느껴진다고.

다만 정관절제술을 받은 후에도 몸 안에 약간의 정자가 남아 있어서 사정할 때 빠져나올 수 있으므로 유의해야 한다. 12주가 지나거나 12회 사정하고 난 후 정액 샘플을 검사해 정자가 남아 있는지 확인할 수 있다.[10] 그때까지는 만일을 대비해서 추가적인 피임법을 이용하도록 하자. 서랍에서 콘돔을 꺼내기만 하면 된다.

앞서 언급했다시피 정관절제술은 복원율이 대단히 높

다. 3년 이내에 복원할 경우 약 75퍼센트 정도이고, 복원 시술을 늦게 할수록 복원율이 낮아진다고 알려져 있지만 다행스럽게도 점차 복원율이 높아지고 있다.[11] 스탠퍼드 메디컬센터Standford Medical Center는 사용하는 기법에 따라 차이는 있지만 복원 시술의 성공률이 95퍼센트라고 밝히면서 복원 시술을 늦게 받더라도 성공률에는 차이가 없다고 단언한다.[12] 애리조나에 있는 국제 정관절제술 복원 센터International Center for Vasectomy Reversal는 "우리 전문가들의 성공률은 99.5퍼센트[13]에 달한다는 사실이 입증·공표되었다"라고 말한다. 정관 복원 시술의 성공률은 분명 꾸준히 상승하고 있다.

복원 시술이 이토록 발전하고 있지만 의사들은 나중에 복원하면 된다는 생각으로 정관절제술을 함부로 받지 말라고 경고한다. 환자가 복원 시술에 숙련된 의사를 찾지 못할 수도 있고, 복원 시술은 지금으로서는 비용도 상당한 편이기 때문이다. 하지만 복원 시술의 성공 건수가 많아질수록 이런 상황도 개선될 것이라고 기대해본다.

정관절제술과 복원 시술이 더욱 발전한다면 앞으로 남자들은 한창 성생활이 활발할 때 정관절제술을 받았다가 그와 파트너가 임신을 원할 경우 마음놓고 복원할 수 있을 것이다.[14] 이런 경우는 이미 드물지 않다. 아이를 가질 생각이 없어서 정관절제술을 받았다가 새로운 파트너를 만나 아이를 갖고 싶어서 복원 시술을 받는 남자는 쉽게 찾아볼 수 있다.

정관절제술과 복원 시술을 모든 남자가 선택할 수 있는 일반적이고 믿음직한 피임법으로 만드는 것은 대단히 가치 있는 목표다. 물론 복원율이 걱정이라면 정관절제술을 하기 전에 언제든지 자신의 정자를 정자은행에 보관할 수도 있다.[15]

남성용 피임법은 대단히 효과적인 데다 여성용 피임법보다 훨씬 효율적이고 안전하고 편리하고 접근하기 쉽고 저렴하다. 이런 점을 감안하면 남자에게 성관계를 할 때마다 항상 콘돔을 사용하라고 요구하는 것은 당연한 일이 되어야 한다. 만일 콘돔에 대한 반감이 심한 사람이라면 대신 반드시 정관절제술을 받아야 할 것이다.

덧붙이는 말 1

남자들에게는 '내장된' 피임법이 하나 더 있다. 바로 체외사정이다. 이렇게 말하면 체외사정을 피임법이라고 언급하는 것이 너무 무책임하다고 악을 쓰고 싶은 사람들도 있을 것이고, 나역시 그런 반응을 충분히 이해한다. 하지만 내가 하고 싶은 말은 아무것도 하지 않는 것보다는 훨씬 낫다는 것이다. 미국 가족계획 연맹Planned Parenthood 웹사이트에 게시된 체외사정에 관한 내용은 다음과 같다.

체외사정을 완벽하게 한 100명 중에서 임신으로 연결되는 경우는 4명이다. 하지만 체외사정을 완벽하게 하기 어려울 수 있다. 그래서 실제로는 매년 체외사정을 하는 100명 가운데 약 22명은 임신으로 이어진다. 5명 중 1명 꼴이다.[16]

남자가 완벽하게 체외사정을 하면 96퍼센트는 효과가 있다.[17] 96퍼센트는 피임약(99퍼센트)이나 콘돔(98퍼센트)이나 정관절제술(99.99퍼센트)보다는 못하지만 그래도 상당한 성공률이다. 하지만 미국 가족계획 연맹이 확인해주듯 체외사정은 완벽하게 해내기 힘들 수 있고, 그래서 사실상 성공률은 78퍼센트 정도에 그친다. 96퍼센트보다는 마음이 훨씬 덜 놓이지만 그래도 여전히 아무것도 하지 않는 것보다는 확실히 낫다.

체외사정의 피임 성공률이 78퍼센트라는 걸 알았을 때 책임감 있는 남자라면 "아, 체외사정은 별로 효과가 없구나. 그럼 괜히 신경 쓰지 말아야지"라고 반응하지는 않을 것이다. 그보다는 이렇게 반응할 것이다. "체외사정을 할 때 어떤 실수를 피해야 하는지 알아둬야겠는걸. 이건 심각한 문제니까. 내 실수로 다른 사람 인생을 곤경에 빠뜨려서는 안 되지. 어른이 된다는 건 효과적인 체외사정법을 익히고 애당초 그 방법을 쓸 일이 없도록 콘돔을 사용하거나 정관절제술을 고려하는 등 할 수 있는 모든 걸 한다는 뜻이기도 해."

이게 너무 지나친 요구인가? 사회는 여자들이 피임법을 완벽하게 사용하기를, 피임약을 매일 빠뜨리지 않고 복용하기를, 병원 예약과 처방전을 챙기기를 기대한다. 남자들 역시 피임법을 완벽하게 사용하길 기대해서는 안 될 이유가 있을까?

덧붙이는 말 2

여성용 콘돔이라고도 하는 체내 콘돔internal condoms도 있지만[18] 남성용 콘돔에 비해 효과가 떨어지고 더 비싸고 구하기도 힘들며, 일부 지역에서는 처방전이 필요하다.[19] 소음이 발생할 수도 있고 크기도 하나뿐이다.[20] 이런 이유로 피임법으로는 별로 인기가 없다. 가장 손쉽고 안전하고 저렴한 피임법은 단연 남성용 콘돔이다.

덧붙이는 말 3

콘돔 역시 올바르게 사용하지 않으면 효과가 떨어지므로 주의해야 한다. 이 때문에 '남자들이 콘돔을 올바르게 사용하기를 기대하는 게 과연 공정한가?'라는 질문이 대두된다. 대답은 당연히 '그렇다'이다. 여자들이 그 복잡한 피임법을 올바르게 사용하는 방법을 배우길 기대한다면 남자들이 그보다 훨씬 손쉬운 피임법을 올바르게 사용하길 기대하는 것도 전혀 이상하지 않다.

콘돔을 올바르게 끼웠다가 제거하는 법을 터득하려면 연습을 해야 한다. 자신에게 맞는 모양과 재질을 찾기 위해서든 적당한 윤활 기술(콘돔에 윤활제를 몇 방울 추가하는 등)을 알아내기 위해서든 연습은 필수적이다.[21] 콘돔을 성공적으로 사용하는 사람들은 크기와 재질, 윤활 문제를 해결하고 나면 콘돔을 쓸 때와 안 쓸 때의 차이가 거의 없다고 전한다.[22]

다시 한 번 강조하지만 여자들이 피임법을 올바르게 사용하는 법을 터득하길 기대한다면 남자들에게도 똑같은 기대를 하는 것이 당연하다.

사회는
남자들이 콘돔을
싫어한다는
생각에 집착한다

콘돔 사용이 이렇게 간단하고 쉽고 편리하니 남자들이 성관계를 할 때마다 콘돔을 사용하는 편이 낫지 않을까? 내가 강의에서 청중에게 이런 질문을 던지면 늘 신속하고 한결같은 대답이 돌아온다. "남자들은 콘돔을 싫어해요."

미국 문화에는 남자들이 콘돔 없이 성관계를 하는 쪽을 선호한다는 인식이 팽배하다는 전제에 토를 달 사람이 없으리라고 생각한다. 어째서 이런 선호가 생겼을까? (책에서, 영화에서, 밈meme*에서) 콘돔을 쓰면 콘돔 없이 할 때만큼 좋지 않다는 소리에 계속 노출되어 있기 때문이다(이는

---

*   한 사람이나 집단에게서 다른 집단으로 생각이나 믿음이 전달될 때 사용되는 모방 가능한 사회적 단위를 총칭하는 말로, 지금은 주로 인터넷에서 유행하는 문화 요소를 지칭한다.

남자의 입장에서 좋지 않다는 의미다. 파트너가 어떻게 느끼는지는 사실 논외다).

남자들이 콘돔을 쓰면 콘돔 없이 할 때만큼 기분이 좋지 않다고 넘겨짚을 경우, 파트너가 콘돔을 강하게 요구하거나 콘돔 없이 성관계하도록 파트너를 구슬리지 못했을 때만 콘돔을 사용할 거라고 쉽게 예상할 수 있다. 나는 남자가 걸핏하면 콘돔 없이 성관계를 하자고 설득한다며 불평하는 여자의 트윗이나 틱톡을 몇 달에 한 번씩 접하곤 한다. 이런 포스트에는 늘 수만, 심지어는 수십만 개의 좋아요와 하트와 댓글이 달린다. 왜 그럴까? 그만큼 많은 사람이 공감하기 때문이다.

2022년 6월 25일, @studio lemaine이라는 계정을 쓰는 한 디자이너가 이런 트윗을 남겼다. "'누구도 당신에게 무방비한 성관계를 하도록 강요하지 않는다'는 글을 읽을 때면 너무 불편하고 속상하다. 남자들은 실제로 강요하기 때문이다. 그것도 항상. 남자친구, 파트너, 학대범, 모든 남자가 마찬가지다. 남자들은 늘 여자에게 무방비한 성관계를 강요한다."[1]

'콘돔 사용을 꺼리는 남자'라는 전형은 현대 문화에서 기본 전제와 같다(그런 전형이 생기는 이면의 '이유' 중에는 순진무구하게 느껴지는 것도 있지만 속을 뒤집어놓는 것도 있다. 어떤 남자들은 콘돔을 사용하지 않도록 여자를 설득하면 정복감을 느끼고,

설득하지 못하면 남자답지 못하다고 느낀다고 털어놓기도 한다).

그런데 콘돔을 둘러싼 문화적 신화가 잘못된 것이라면? 나는 음경이 없다 보니 콘돔을 한 번도 써본 적이 없어서 이 책을 쓰는 동안 이야기를 나눠본 한 남자의 말을 근거로 삼고자 한다.

콘돔을 쓰면 쾌감이 덜하다는 생각은 어느 정도 사실이지만 그건 콘돔을 쓰려면 연습이 필요하기 때문이에요. 콘돔 사용법을 익히고 여러 콘돔과 윤활제를 써본 남자들은 콘돔이 성관계를 하는 동안 쾌감을 별로 떨어뜨리지 않는다는 걸 알죠.

인용한 것은 한 남자의 말이지만, 온라인에서 이 주제로 대화를 나누면 수백 명의 남자로부터 비슷한 이야기를 듣는다. 그렇다면 콘돔이 성관계의 쾌감을 떨어뜨린다는 세간의 관념(숱한 사람들에게 헤아릴 수 없이 많은 피해를 주는 관념)은 잘못된 것이 아닐까? 어쩌면 문제는 콘돔이 아니라 우리가 콘돔에 대해 이야기하는 방식인지도 모른다. 더 정확하게는 우리가 콘돔에 대해 이야기하지 않는 것이 문제일 수 있다. 콘돔 없는 성관계가 정복이라고 믿는 남자가 있다면 주변의 다른 남자들과 콘돔의 장점에 대해 이야기할 가능성은 거의 없다.

콘돔을 둘러싼 문화적 신화와 콘돔 사용을 사적인 주제

라고 여기는 인식 때문에 콘돔을 아무 문제 없이 사용하고 그것이 남자답지 못한 것이라고 생각하지도 않는 남자들마저 콘돔에 관한 자신의 지식과 경험을 주변에 알리지 않을지도 모른다. 완벽한 콘돔과 윤활 기법을 찾았다 해도 이 정보를 혼자 간직할지도 모른다. 이건 너무나 안타까운 일이다. 관련 연구에 따르면 친구들끼리 콘돔에 대해 많이 이야기할수록 콘돔 사용률이 증가하기 때문이다. 어떤 남자가 아무 문제 없이 콘돔을 사용한다 해도 그 사람 주변의 남자들은 이 사실을 까맣게 모를 가능성이 아주 높다. 그래서 일반적으로 남자는 콘돔 사용을 싫어한다는 추측이 명맥을 이어가는 것이다.[2]

남성성의 상실에 관한 신화는 정관절제술에 대해서도 똑같이 존재한다. 많은 남자가 정관절제술을 받으면 발기나 사정에 문제가 생길지 모른다고 걱정한다. 남자들은 정관절제술을 받고 나면 '구실'을 못할까 봐, 정력이 떨어질까 봐 걱정한다. 이 때문에 미국에서는 성생활을 하는 남자 가운데 정관절제술을 받는 비율이 9퍼센트에 불과하다(하지만 성생활을 하는 여자 가운데 난관결찰술을 받는 비율은 27퍼센트나 된다)[3].

정관절제술에 대해서도 사생활이라는 관점과 이에 대한 낙인 때문에 남자들은 다른 남자들과 자신의 경험이나 수술의 장점을 잘 이야기하지 않는다. 하지만 장점은 아주 현실적이다. 정관절제술은 매년 상당한 비용과 시간을 절감해준다. 하지만 가장 큰 장점은 심리적인 측면일 것이다. 커플들은 정관절제술을 받고 난 뒤 성생활이 훨씬 좋아졌다고 입을 모은다. 어째서일까? 원치 않는 임신에 대한 스트레스가 줄었기 때문이다.[4] 아니 사라져버렸다! 남자들 역시 이 시술이 빠르고 간단하며, 거의 통증도 없고 곧바로 회복할 수 있다고 밝히곤 한다.

정관절제술은 난관결찰술보다 위험이 적다

난관결찰술 또는 "자궁관 묶기"[1](여자의 난관을 묶거나 자르거나 클램프로 조이거나 밴드로 감거나 전류로 밀봉하거나 막는 방법)는 종종 남자의 정관절제술과 비교된다. 두 방법 모두 영구 피임법으로 간주된다는 점에서 이해할 만하다. 하지만 실제로는 정관절제술이 더 간단하고 위험이 적다.

(보통 30분이면 끝나는) 난관결찰술은 복부에 한두 차례 칼을 대는 작은 수술surgery이다.[2] 일반 마취 또는 척추마취(의식을 잃지 않는 국소마취의 한 형태)를 해야 하고 병원hospital이나 외과 의원clinic에서 외래로 진행된다. 환자는 대부분 수술 당일에 집에 갈 수 있지만 수술 후 병원이나 의원을 나서기 전에 몇 시간 휴식해야 한다. 보통 집에 운전해서 돌아가지 말라거나 3주 정도는 무거운 물건을 들지 말라고 안

내해준다.

(보통 15분이면 끝나는) 정관절제술은 외래환자용 시술procedures로 의사 진료실에서 국소마취로 이루어지며 환자는 시술 직후 바로 운전해서 집에 가도 된다.

의사와 의료진은 난관결찰술이 정관절제술보다 더 몸을 깊이 헤집고, 위험하며, 복잡한 수술이라는 데 동의한다.

의료 정보 웹사이트 웹엠디WebMD는 이렇게 전한다. "당신이 한 사람과 헌신적인 관계를 맺고 있다면 남편 혹은 파트너는 정자가 정액으로 들어가지 못하게 막아주는 이 시술을 기꺼이 받으려 할 것이다. 정관절제술은 난관결찰술보다 안전한 시술이며 전신마취 없이도 할 수 있다."[3]

스펌체크 정관절제술 연구소Spermcheck Vasectomy Research Center는 이렇게 전한다.

찬성 쪽과 반대 쪽 이야기를 들어보면 저울은 정관절제술에 찬성하는 쪽으로 기운다. 그런데도 난관결찰술이 여전히 더 대중적이다. 어쩌면 이는 피임과 불임을 여자의 책임으로 인식하기 때문일지 모른다. 하지만 많은 여자가 주장하듯, 그리고 일부 남자도 동의하듯 여자의 몸은 출산으로 이미 숱한 트라우마를 겪었기 때문에 피임시술에서 남자들이 파트너와 자신을 위해 솔선수범해야 한다.[4]

유타 의학대학교University of Utah Medical Center의 알렉산더

파스투자크^{Alexander Pastuszak} 박사는 이렇게 말한다.

난관결찰술을 하려면 사실상 복부에 구멍을 내야 하는데, 이는 외과의 관점에서는 작은 수술이지만 그래도 정관절제술보다는 훨씬 큰 일이다. 나는 난관결찰술을 정관절제술보다 더 선호할 이유가 전혀 없다고 생각한다.[5]

한 의사는 트위터상의 대화에서 내게 이렇게 말했다.

나는 마취의로 일하며 수백 건의 난관결찰술을 해봤습니다. 나는 종종 이런 생각을 해요. '씨발, 이 사람 남편은 제정신인가?' 제왕절개 수술의 일환일 때가 아니고서는 난관결찰술을 남발하면 안 된단 말이에요. 정관절제술은 싸고 고통도 적고 극히 안전하고 대단히 효과적입니다. 어째서 여자들이 난관결찰술까지 떠안아야 하냐고요. 그게 다가 아니에요. 정관절제술 때문에 사망했다는 기록은 하나도 없어요. 하지만 많은 여자가 난관결찰술의 외과적 합병증이나 마취 때문에 사망했단 말이죠.

난관결찰술은 정관절제술보다 더 위험한 것만이 아니다. 35세 이하이거나 자녀가 없는 여자일 경우 대개 난관결찰술을 해주지 않는다. 위에서 밝힌 이유 때문이 아니라 의료 시스템이 여자는 자기 몸에 대한 결정을 내릴 능력이 없다고 믿는 가부장적인 편견에 찌들어 있어서다. 아무런 법적 근거가 없는데도 의사가 여자에게 난관결찰술을 하기 전에 남편의 동의를 받아오라고 요구하는 일도 심심찮게 벌어진다.[6]

이외에도 짚고 넘어가야 할 사실들이 있다.

- ☛ 난관결찰술과 정관절제술 모두 되돌릴 수 있지만 정관절제술의 성공율이 훨씬 높다.[7]
- ☛ 정관절제술의 복원 시술은 몸을 최소한으로만 헤집지만 난관결찰술의 복원 수술은 큰 수술로 여겨진다.[8]
- ☛ 난관결찰술을 하고 난 뒤에 임신할 경우 난관임신(자궁 외 임신) 위험이 늘어난다. 제발 기억하자. 자궁 외 임신을 하면 즉각 의학적 처치가 필요하다.[9]
- ☛ 난관결찰술의 부작용으로는 장 천공, 창자 손상, 감염, 장기간의 골반통 또는 복통이 있다.[10] 정관절제술의 부작용은 부기, 멍, 통증 등으로 상대적으로 경미하다.
- ☛ 난관결찰술을 하고 난 뒤 여성호르몬인 에스트로겐과 프로게스테론이 급감하기도 한다. 이를 난관결찰증후군이라고 하는데 열감, 식은땀, 수면장애, 성욕 감소, 월경 불순 등 완경과 증상이 유사하다.[11] (난관결찰증후군이 실재하는지는 의사들 사이에서 논란이 있지만 의학이 얼마나 자주 여성을 불신하는지를 염두에 둘 필요가 있다.)

☛ 정관절제술은 난관결찰술보다 저렴하다. 내가 직접 알아본 바에 따르면 정관절제술은 300~1,000달러, 난관결찰술은 1,500~6,000달러였다.[12]*

남자가 정관절제술을 받을지 여자가 난관결찰술을 받을지 고민하고 있다면, 어떤 경우든 정관절제술이 여지없이 더 나은 선택이라는 사실을 명심해야 한다.

---

*   정확한 통계 자료는 나와 있지 않으나 한국의 경우 정관절제술은 30~40만 원, 난관결찰술은 60~100만 원 정도이다.

사람들은
피임을
여자의 일로
여긴다

우리 사회에는 여자가 임신을 원치 않는다면 피임을 위해 어떤 대가든 감수하리라는 인식이 지배적이다. 어쨌든 임신을 했을 때 그 직격탄을 맞는 건 여자의 몸이니까.

이런 인식은 피임 산업 관련 자료로도 입증된다. 2019년 미국 피임 시장 규모는 약 80억 달러로 추산되었다. 수십 가지 피임 상품 중 약 90퍼센트가 여자를 위해 만들어지고, 여자가 구매하고 사용한다. 여기에는 남성용 콘돔 판매량의 30퍼센트 이상을 차지하는 여성 구매자도 포함된다.

보통 성생활을 하는 여자는 알아서 피임을 할 거라고 생각한다.[1] 또한 여자는 남자가 콘돔을 사용하게 만든다는 기대까지 짊어지는데, 여자들이 남성용 콘돔을 쟁여놔야 한다는 뜻이다(이 때문에 여자들은 어이없는 딜레마에 처하게 된다.

콘돔을 가지고 다니면 '걸레'지만 콘돔을 가지고 있지 않으면 무책임하다는 인식이 그것이다).[2]

심지어 우리는 여자들이 피임의 비용을 부담한다는 사실조차 별로 신경 쓰지 않는다. 그 혜택이 남녀 모두에게 돌아가는데도 말이다. 실제로 나는 피임에 필요한 병원 진료비, 교통비, 처방약 값의 절반을 남자친구에게 청구하는 여자를 만나보지 못했다.

당연히 남자들 역시 여자친구가 콘돔 비용을 대주기를 기대하지 않겠지만 콘돔 비용과 피임 비용(실제 금액, 시간, 편의성, 고민의 시간 등)의 차이는 자릿수 자체가 다를 정도로 상당하다. 게다가 앞서 언급했듯 남성용 콘돔 판매량의 30퍼센트 이상은 여자가 구매한다.

이 모든 상황 때문에 여자가 남자에게 화나 있을 거라고 생각한다면 오산이다. 여자는 남자와 똑같은 문화에서 성장했다. 여자도 남자의 쾌락과 편의가 제일 중요하다고 배웠다. 여자는 고통을 표현하지 말라고 배웠다. 그 가르침은 쉽게 떨쳐낼 수 없다. 때로는 그런 가르침을 다른 사람에게 그대로 주입하기도 한다.

남성용 피임법의 장점이 명확하고 훨씬 많은데도 우리는 여자에게 피임의 부담을 지운다. 하루 24시간, 매일같이 생식 가능한 사람이 아니라 한 달에 24시간만 생식 가능한 사람에게 부담을 지운다.

남자들이
더 편하기만 하면
사회는 여자의
고통을 무시한다

2016년 세계보건기구WHO는 남성용 피임법을 시험했다. 정자 수를 줄이는 호르몬 주사였다. 결과는 대단히 고무적이었다. 피임 성공률이 96퍼센트에 달했던 것이다.[1] 하지만 이렇게 결과가 긍정적인데도 이 시험을 중단했다. 한 위원회가 이 약물의 부작용이 연구 참여자의 안전을 위협한다는 판단을 내렸기 때문이다.[2]

가장 일반적인 부작용은 여드름과 체중 증가였는데, 이는 여성용 피임법에서도 아주 흔하게 나타나는 부작용이다. 남성용 피임법 실험에서 나타난 가장 심각한 부작용은 한 참가자가 우울해지고 다른 한 참가자가 자살 충동을 보인 것이었다. 나는 이것이 대단히 심각한 부작용이라는 데 동의한다. 하지만 여성용 피임법의 부작용도 그에 못지않

남성용 피임법 시험에서 나타난 부작용들	여성용 호르몬 피임법의 부작용들
여드름	여드름
두통	두통
감정 기복	감정 기복
피로감	피로감
체중 증가	체중 증가
우울감	우울감
경미한 발기부전	월경 기간이 아닐 때(점)출혈
성욕 감소	부기
	어지럼증
	체액 저류
	식욕 증가
	불면증
	기미(얼굴에 생기는 검은 점)
	욕지기
	유방통
	구토
	혈전
	담낭 질환
	심근경색
	고혈압
	간암
	뇌졸중

게 심각하다. 그런데도 수백만 명의 여자가 여전히 이런 약물을 매일 처방받고 섭취한다.

이 이야기는 '남자들이 더 편하기만 하면 사회는 여자의 고통을 무시한다'라는 암묵적인 문화적 금언을 정확하게 보여준다.

이에 관한 의학적 사례로는 '예쁜이 수술The Husband Stit-ch'[3]이 있다. 일부 의사들은 출산으로 파열된 외음부를 꿰맬 때 일부러 한 땀을 더 뜬다. 그러면 질이 좁아져 남자 파트너의 쾌감이 증대된다는 생각에서다. 슬프게도 이 수술은 성관계를 할 때 극심한 통증을 느끼는 등 여성에게 고통스러운 부작용을 남길 수 있다.[4]

다른 부인과 의사에게 진료를 받거나, 산후 검진을 하거나, 아니면 아예 다시 임신할 때까지 자신이 예쁜이 수술을 당했다는 사실을 알지도 못하는 여자들도 있다. 자궁경부암 검사를 하러 갔다가 담당 의사에게 출산 후 복구 시술이 지나치게 빡빡하게 이루어졌다고 듣기도 한다.

아내가 예쁜이 수술을 받았다는 사실을 알지도 못하는 남자들도 있다. 의사가 자기 마음대로 내린 결정이기 때문이다. 게다가 그걸 알더라도 좋아하지 않는다. 자신이나 아내에게 통증을 유발할 뿐이기 때문이다.

사실 '예쁜이 수술'은 **질을 좁히지 못한다**. 그 수술을 요구하거나 좋아라 하는 남자가 있다면 자기 파트너의 질이 '더 좁아졌다'라는 관념에서 만족을 얻을 뿐, 실제로는 차이를 느끼지 못할 것이다. 그의 심리적 만족감이 여자의 육체적 고통보다 우선시된 것이다.

그다음 사례로는 자궁 내 피임장치 삽입술이 있다.[5] 남너의 통증을 관리하는 태도의 차이에 관해 말할 때, 나는 정관절제술과 자궁 내 피임장치 삽입술을 자주 예로 드는 편이다. 나는 정관절제술이 자궁 내 피임장치 삽입술만큼이나 몸을 헤집고 고통스러운 시술이라는 이야기를 들어보았다. 자궁 내 피임장치 삽입술이 정관절제술보다 훨씬 고통스럽다는 이야기도 들어보았다. 자궁 내 피임장치를 삽입하는 동안 별다른 통증을 느끼지 못했다는 여자들, 너무 아파서 기절할 뻔 했다는 여자들의 이야기나 정관절제술을 하고 나서 바로 공놀이를 하러 갔고 아무런 지장이 없었다는 남자들 이야기도 들어봤다(아직 정관절제술이 너무나도 아팠다는 남자를 만나본 적은 없지만 그런 사람도 있을 수 있다고 생각한다).

모두가 타당한 경험이고 관찰이다. 나는 모두의 경험을 존중하고 신뢰한다. 하지만 여기서 한 가지 짚고 넘어갈 부분은 정관절제술은 최소한 국소마취를 하고서 진행되는 반면, 자궁 내 피임장치를 삽입할 때는 통증을 완화하는 데 거의 신경을 쓰지 않는다는 점이다. 이 두 시술(남성용 시술 하나와 여성용 시술 하나)은 모두 몸을 헤집고 아주 민감한 신체 부위를 대상으로 한다. 남자들에게는 이 시술이 고통스러울 것으로 예상하여 항상 진통제를 쓴다. 그런데 여자들에게는 고통스러워도 그냥 참을 것이라 간주하며 진통제를 거의 쓰지 않는다.

나는 전신마취(그 자체로 만만찮은 절차)가 자궁 내 피임장치 삽입술의 통증을 제거하는 유일한 방법으로 제시된다는 점이 특히 흥미로웠다. 여자들에게 주어지는 선택지는 전신마취의 위험과 아무런 약물적 개입 없이 자궁 내 피임장치 삽입술이 유발하는 통증을 견디는 것, 이 두 가지뿐이란 말인가? 어째서 의료계는 진통제는 전혀 쓰지 않고 "그냥 조금 따끔한 정도예요"라는 말로 여자들의 선택지를 제한해버리는걸까?

캐시 존스턴Casey Johnston*은 "남자들이 자궁 내 피임장치 삽입술을 받아야 했더라면 하반신 마취를 하고 하루 입원했을 것이다"[6]라는 제목의 훌륭한 에세이에서 이 모순을 파헤친다. 이 에세이의 일부는 다음과 같다.

자궁 내 피임장치를 삽입하고 겪은 극심한 통증이 비정상인지 알고 싶어서 살펴봤더니 놀라울 정도로 많은 사람이 그게 자기 인생에서 겪어본 가장 심한 통증이라고 묘사한다는 사실을 발견했다. 최악의 경우 정신을 차릴 수 없을 정도로 극심한 통증이 수분 동안 지속되고, 통증의 75퍼센트는 몇 시간 동안 이어진다. 게다가 이건 기구가 자리를 잘못 잡는 것 같은 문제가 전혀 없을 경우에 해당하는 이야

---

* 작가이자 문화비평가로, 운동하는 여성들을 위한 뉴스레터를 운영하고 여러 매체에 글을 기고하고 있다.

기다. 기구가 제자리를 찾지 못하면 의사가 다시 기구를 삽입해야 한다.

그 통증이 어느 정도인지 감을 잡을 수 있도록 표현하자면, 주사 한 대가 통증 척도에서 3이라면 자궁 내 피임장치 삽입은 10의 통증이 세 번에 걸쳐 밀려오는 것과 같다. 보통 자궁 내 피임장치를 삽입할 때나 시술 전후에 통증 관리를 거의 해주지 않는다. 기껏해야 국소 마취용 젤을 찔끔 쓰거나 나중에 약국에서 처방전 없이 살 수 있는 수준의 진통제가 딱 한 번 딸려나오는 정도, 그게 전부다.

통증을 전혀 완화하지 않은 채 시술을 진행하는 일은 비인도적이지만 일상다반사로 일어난다.

예를 하나만 더 들어보자. 1990년대 초 한 연구팀이 실데나필 시트레이트sildenafil citrate라는 약을 연구하고 있었다. 원래 이 약은 심장질환을 예방하거나 치료할지 모른다는 기대로 연구되었다. 그런데 연구가 진행되면서 이 약이 발기부전을 일시적으로 치료하는 데 효과가 좋다는 것이 밝혀졌다. 이 연구에 자금을 지원하던 의사 결정자들은 발기부전 쪽으로 연구를 진행하라는 결정을 내렸다. 결국 이 약은 '비아그라'라는 이름으로 출시되었다.[7]

이 연구팀은 같은 약물 실데나필 시트레이트를 가지고 후속 시험을 진행하다가 이 약이 심각한 월경통으로 힘들어하는 여자들의 고통을 상당히, 그리고 오랜 시간 완화해준다는 사실을 발견했다.

전원 남자로 구성된 동일한 의사 결정자들은 생리통 완화를 위한 연구를 진행하지 말라는 결정을 내렸다. 어째서일까? 이들은 생리통이 **공중보건 문제**가 아니라고 생각했기 때문이다.[8]

공중보건 문제가 아니라고? 연구에 따르면 여성의 80퍼센트가 월경통을 경험한다.[9] 지구인의 최소한 절반이 월경을 경험했으니 약 31억 명이 월경통을 감당했다는 뜻이다.[10] 아무리 봐도 나한테는 연구를 지속하는 게 타당하고도 남을 큰 수치다.

이렇게 생각해보면 어떨까. 당신이 약물 실험을 관리하는 위원이고, 선택을 내려야 한다. 나이 든 남자들이 발기에 성공하고 이를 유지하기 쉽게 만드는 걸 택할 수도 있고, 여자들의 심각한 월경통을 덜어주는 쪽을 택할 수도 있다. 그런데 당신은 발기를 택했다. 대체 무슨 이유로 둘 다 선택하지는 못하는걸까? 나는 안다. 알 것 같다. 아마 돈 때문일 것이다. 하지만 여전히 납득이 가는 건 아니다. 1998년 이후로 전세계에서 6400만 명의 남자들이 비아그라를 처방받았다.[11] 적지 않은 숫자다. 하지만 잠재적인 월경통 시장은 31억 명이다.

이 작은 의학사의 단편은 위에서 언급했던 금언의 여러 사례 중 하나에 불과하다. 남자의 쾌락을 극대화하는 것과 여자의 고통을 최소화하는 것 중에서 선택해야 할 때 사회는 언제나 남자의 쾌락을 택한다는.

피임, 그리고 실은 삶 전반에서 사회는 남자의 편리함과 마음의 평화와 쾌락을 여자들의 고통을 예방하거나 완화하는 것보다 중요하게 생각한다.

덧붙이는 말 1

얼마나 많은 여자가 고통을 감내하는 데 익숙한지 어떻게 설명하면 좋을까? 여자에게 고통은 일상이다. 애를 낳았다고? 이부프로펜 있잖아요. 자궁 내 피임장치를 삽입하겠다고? 마취제를 쓰면 시간이 너무 오래 걸려요, 그냥 조금 따끔할 뿐이에요, 그냥 심호흡을 해봐요. 불쾌하기 짝이 없는 부인과 시술을 당연하다는 듯 아무 통증 관리 없이 진행하는 건 여성혐오적인 기행이다.

사회는
남자의 쾌락이
성관계의
목표이자
일순위라고
가르친다

미국의 일반적인 성교육 수업에서는 여성의 내부 생식 기관(난소, 나팔관 등)은 다루지만 쾌락과 관련된 음핵(이 어떻게 작동하고 어떻게 자극되며 여성의 오르가슴과는 어떻게 연결되는지)은 다루지 않는다.[1] 많은 성교육 수업이 음핵을 언급조차 하지 않는다. 하지만 쾌락과 관련된 음경에 대해서는 이와 상반된 태도를 취한다.

　분명히 해두자면 나는 성교육 수업이 남자의 쾌락에 치중되어 있다고 말하려는 게 아니라, 음경은 성교육에 확실히 등장한다는 사실을 짚는 것이다. 발기와 사정도 설명한다. 성관계 중에 남자가 경험하는 쾌락(흥분과 오르가슴)은 성관계의 기본적인 구성 요소로서 무심하게 제시된다.

　남자가 성적인 교감에서 쾌락을 경험하리라는 것은 당

연시된다. 여자도 동일한 교감에서 쾌락을 경험할까? 아무도 모른다. 새와 벌에 대해서도 공부하는 과목에서 여자의 오르가슴은 별로 중요한 게 아니기 때문에 등장하지 않는다.

성교육 수업만 그런 게 아니다. 사회는 대부분 성관계를 남성의 관점에서 이야기하고 재현한다. 실제로 "성관계가 얼마나 오래 지속되는지"에 대한 대부분의 연구는 남자가 질에 사정하는 데 걸리는 시간을 근거로 삼는다.[2]

관습적인 묘사에 따르면 성관계는 남자가 사정을 하기 전에는 끝나지 않고, 사정을 하면 끝이다. 여자가 아니라 남자의 경험에 치중하는 것이다.

남자가 오르가슴을 느끼고 질에 사정하면 대부분은 그게 성관계라고 여긴다. 여자가 같은 과정에서 오르가슴을 느끼지 못하면 어떻게 될까? 그래도 여전히 성관계라고 생각할까? 그렇다. 대부분 그래도 그걸 성관계라고 부른다. 그게 성관계를 정의하는 유일한 방법은 아니지만 일반적인 방법이다.

내 심증에 따르면 성관계에서 남자의 경험에 치중하는 사회의 행태 때문에 일부 남자들이 콘돔 사용을 거부하는 것이다. 이런 심증을 갖게 된 데는 나름의 논리가 있다. 만일 성관계에서 중요한 게 남자의 경험이라면, 남자는 자신의 쾌락을 제일 우선시하며 콘돔을 쓰려 하지 않을 것이다. 콘돔 얘기는 입에 올리지도 않는 것이다(자신과 성관계를 하는 여자 역시 그러길 바란다). 이 모든 게 남자의 마음에서는 완벽하게 정당하다. 왜일까? 사회가 이 남자에게(그리고 우리 모두에게) 성관계에서는 남자의 경험, 남자의 쾌락이 중요하다고 가르쳐왔기 때문이다.

하지만 쾌락이 정말 그런 식으로 느껴질까? 콘돔을 쓰고 안 쓰고가 성관계의 쾌락에 얼마나 영향을 미칠까? 예를 들어 쾌락이 없는 상태는 0, 최대치의 쾌락은 10이라고 표시하는 육체적 쾌락을 측정하는 장치가 있다고 해보자. 솜씨 좋은 마사지는 이 장치에서 5 정도이고 콘돔을 쓰지 않았을 때의 오르가슴은 10이다. 이 장치에서 콘돔을 썼을 때의 성관계는 어느 정도의 수치일까? 7? 아니면 8? 수치가 몇이든 콘돔을 썼을 때의 성관계는 **쾌락이 전무한 상태**가 아니라 상대적으로 **쾌락이 적은 상태**일 뿐이다. 가령 10이 아닌 8 정도로.

그러면 우리는 굉장히 심란한 결론에 이르게 된다. 남자들이 콘돔을 쓰지 않는 성관계를 선택하는 것은 **조금** 더 강한 몇 분간의 쾌락을 경험하기 위해 여자의 몸·건강·사회적 지위·직업·경제적 지위·인간관계, 심지어는 생명을 위험에 빠뜨리는 행위다. 이 글을 쓰는 내 손이 덜덜 떨릴 지경이다. 생각만으로도 위가 아파온다. 남자들은 정말로 여자의 생명을 위험에 빠뜨리면서까지 몇 분간 조금 더 강한 쾌락을 택한다고?

그렇다. 그렇게 한다. 그런 일은 매일 일어난다. 길가에 핀 민들레만큼이나 흔해 빠졌다. 그저 남자들이 지나치게 무심하다고 말할 수도 있지만, 나는 심각한 문제들을 보여주는 현상이라고 생각한다. 바로 콘돔 없는 성관계가 여자에게 어떤 행위인지 이해하지 못하는 남자들, 이런 무지를 강화하는 문화, 그리고 자신의 선택이 초래할 수 있는 심각한 문제들을 무시하면서까지 쾌락을 극대화해야 한다는 대책 없는 강박 말이다.

여자들의 생명이 걸린 판국인데, 남자들이 콘돔 없는 성관계의 위험성을 인지하도록 어르고 달래면서 이러한 무지에 대한 사회적 경각심이 필요하다고 말해야 한다니 기가 찰 노릇이다. 사실상 쾌락을 희생하는 것도 아닌데 남자들이 고작 책임감 있게 행동하도록 설득하는 것이 왜 이토록 버겁단 말인가?

이렇게 비유해보면 어떨까. 인생에서 또 다른 큰 쾌락을 떠올려보자. 음식이 좋겠다. 당신이 제일 좋아하는 음식이나 디저트를 떠올려보라. 그런데 당신이 그 음식을 먹으면 가까운 누군가가 커다란 심신의 고통을 겪을 수도 있음을 알게 됐다면 어떻게 할까? 반드시 그런 것은 아니지만(그 음식을 먹어도 전혀 고통을 유발하지 않을 가능성도 있다) 그럴 위험이 실재한다면, 슬프긴 하겠지만 다시는 그 음식을 먹지 않을 것이다. 그런 위험을 감수할 만한 가치가 없으니까.

그런데 그 좋아하는 음식을 먹기 전에 간단한 조치를 취하면 가까운 사람에게 고통을 유발할 위험이 사실상 사라진다는 걸 알게 되었다면? 하지만 이 간단한 조치는 먹는 즐거움을 아주 조금 떨어뜨릴 수 있다. 여전히 아주 즐겁긴 하지만 그래도 기쁨이 약간은 줄어든다. 가령 피자로 예를 들면, 손으로 먹어야 더 맛있는데 나이프와 포크를 쓰는 정도일 것이다.

좋아하는 음식을 먹을 때마다 가까운 사람에게 고통을 유발할 위험(심지어는 사망에 이르게 할 위험)을 줄이기 위해 당신은 이 간단한 타협을 기꺼이 하겠는가?

물론 그럴 것이다.

당연히 당신은 그렇게 할 것이다.

덧붙이는 말 1

1부터 10에 이르는 육체적 쾌락 척도에 대한 논의에서 한 남자는 자진해서 내게 말했다. "콘돔을 사용하는 성관계의 쾌락은 사실 9.75/9.8/9.9는 된다고 생각해요. 진짜예요, 제가 이걸 아는 건 제가 남자고 정말 그 차이는 정말 미미하기 때문이에요. 차이가 있다는 주장은 터무니없는 소리예요."

우리는 성관계에 대해 생각할 때 남자의 쾌락은 중요하게 여기면서도 여자의 쾌락은 깡그리 무시할 때가 많다. 문화적으로 (슬프게도 특히 일부 남자들에 의해) 여자의 쾌락이 등한시되기는 해도 여자들 역시 성관계에서 충분히 쾌락을 느낄 수 있다. 자위를 할 때 여자의 95퍼센트는 오르가슴을 경험한다. 처음 만나는 다른 여자와의 하룻밤 잠자리에서 여자의 64퍼센트가 오르가슴을 느끼는 반면, 처음 만나는 남자와의 하룻밤 잠자리에서 오르가슴을 느끼는 여자는 7퍼센트에 불과하다.[3] 그러므로 여자가 오르가슴을 느끼는 능력이 부족해서 성관계에서 여자의 쾌락을 무시되는 것이 아님을 알 수 있다. 문제는 이성애 성관계에 대한 우리의 문화적 접근법과, 바로 남자의 쾌락에 집중하는 태도다.

여자는 쾌락을 느끼지 않고도 임신할 수 있다

남자에게 오르가슴과 사정은 쾌락이 동반된 경험이라
고 알려져 있다. 엄밀히 말해서 둘의 기능은 다르다(오르가
슴 없이 사정을 하는 경우도, 사정 없이 오르가슴을 느끼는 경우도 있다[1]).
하지만 거의 항상 동시에 일어나기 때문에 똑같은 것으로
취급되곤 한다. 그래서 이 두 용어를 동의어처럼 쓰기도
한다. 일반적으로 남자가 오르가슴을 느꼈다는 말과 남자
가 사정을 했다는 말을 같은 뜻으로 사용된다.[2]

남자의 오르가슴/사정의 핵심적인 기능은 자신의 몸 안
에 있는 정자를 다른 곳으로 이동시키는 것인데, 오르가
슴/사정은 쾌락을 동반한 경험이므로 여자를 임신시키는
행위는 즐거운 일이라고 단순하게 주장할 수 있다. 남자들
에게는 말이다.

반면 우리는 여자가 쾌락을 전혀 느끼지 않고도 임신할 수 있음을 알고 있다.[3] 남자와 여자가 성관계를 해도 여자는 아무런 즐거움을 느끼지 못할 수 있다. 오르가슴을 느끼지 못하는데도 이 남자 때문에 임신하게 될 가능성은 여전히 존재한다. 심지어 동의한 성관계에서도 완전히 소극적인 태도(적극적으로 움직이지도, 즐거움을 느끼지도, 실질적인 참여도 하지 않고 그냥 누워만 있는 상태)를 취할 수 있으며, 이때도 남자는 여자를 임신시킬 수 있다. 사실 남자는 여자가 끔찍한 고통을 느끼는 동안에도 여자를 임신시킬 수 있다.

　여자의 오르가슴 또는 성관계에서 여자가 느끼는 쾌락은 임신과는 아무 관계도 없다. 여러 연구에 따르면 여자의 오르가슴은 오직 쾌락을 위해서만 존재한다.[4] 여자의 오르가슴이 정자를 난자 쪽으로 이동시키는 데 도움을 준다는 관점도 있었다. 하지만 이 가설은 입증할 만한 근거가 부족해 바로 논박되었다. 이 이론이 맞다면 여자는 남자와 동시에 또는 남자가 오르가슴을 느낀 다음에 오르가슴을 느껴야 하는데, 연구 결과로 보나 경험적인 근거로 보나 일반적으로 일어나는 일은 아니다. 게다가 난자는 여자가 전혀 오르가슴을 느끼지 못할 때도 쉽게 수정될 수 있음이 과학적으로 확인되었다. 따라서 여자의 오르가슴을 생물학적 생식의 필수적인 부분으로 설정하는 이론은 타당하지 않다.

여자가 쾌락과 오르가슴을 느끼는 것은 임신과는 완전히 무관하다.

이 사실은 원치 않는 임신에서 여자의 성욕과 '창녀 같은' 행동을 탓하고 '헤픈 여자'를 손가락질하는 데 급급한 사람들의 논리를 정면으로 반박한다. 어째서 그런지 한번 살펴보자.

여자가 쾌락과 오르가슴을 느끼는 것이 임신과는 아무런 관계가 없다는 것은 여자가 세상에서 가장 '헤픈 창녀'가 될 수 있다는 의미다. 여자는 아무것도 하지 않고 여러 명의 파트너와 밤낮으로 삽입 성관계를 하며 오르가슴을 느껴도 원치 않는 절대 임신하지 않을 수 있다. 남자가 여자의 몸에 무책임하게 사정만 하지 않으면.

우리는 어째서 원치 않는 임신에 대해 말하고 있을까? 임신중단의 99퍼센트가 원치 않는 임신의 직접적인 결과이기 때문이다. 우리는 여자가 아무리 성관계를 즐겨도 원치 않는 임신과 임신중단으로 이어지지 않는다는 걸 아주 분명하게 이해할 필요가 있다. 원치 않는 임신을 유발하는 것은 무엇인가? 성관계를 즐기고 무책임하게 사정을 하는 **남자들**이다.

사정 전에 나오는 체액인 쿠퍼액precum이 있으니 남자가 쾌락이나 오르가슴을 느끼지 않고도 누군가를 임신시킬 수 있다고 주장할 수도 있다. 쿠퍼액은 사정/오르가슴 전에 성관계를 하는 동안 음경 밖으로 흘러나오기도 하는 체액으로 이 안에 정자가 있을 수도 있다.[5]

쿠퍼액에서 정자가 얼마나 자주 발견될까? 연구자들도 정확히는 모른다. 2016년의 한 연구는 연구 대상 남성 가운데 17퍼센트가 쿠퍼액에 정자가 있다고 확인했다. 하지만 2021년의 연구는 결론을 내지 못했다.[6] 미국가족계획연맹의 보고에 따르면 체외사정은 완벽하게 할 경우 96퍼센트의 효과가 있다. 체외사정을 완벽하게 하든 못하든 쿠퍼액 안에 있는 정자의 양에는 영향을 미치지 못하므로 이 96퍼센트라는 통계는 쿠퍼액에 정자가 있는 경우가 일반적이지 않다는 걸 알려준다. 또는 일반적이라 해도 그 안에 있는 정자가 수정하는 능력은 거의 없다는 뜻이다.[7]

애초에 쿠퍼액에 정자가 어떻게 들어가는 걸까? 이 문제에 대해서도 연구자들은 아직 결론을 내리지 못했지만 가장 일반적인 이론은 과거에 했던 사정으로 요도 안에 정자가 남아 있다가 쿠퍼액과 함께 흘러나온다는 것이다.[8] 쿠퍼액 안에 있는 정자가 걱정된다면 반드시 콘돔을 사용하면 된다(콘돔은 두 사람 모두를 성병에서 지켜주기까지 하니 성관계를 할 때는 항상 콘돔을 쓰는 게 현명하다). 쿠퍼액이 원치 않는 임신의 주원인인 것 같다고? 글쎄, 난 아직 그걸 뒷받침할 만한 데이터를 찾지 못했다.

정자가 바로 그 순간에 사정된 정액 안에 있든 앞서 했던 사정 때문에 쿠퍼액 안에 들어 있든 어쨌든 정자는 남자의 흥분과 오르가슴/사정 때문에 남자의 몸 밖으로 나온다. 따라서 여전히 남자가 쾌락을 느끼지 않고서는 여자를 임신시키지 못한다고 결론 내릴 수 있다.

모든 원치 않는 임신의 원인은 남자다

이 책을 읽고 있는 당신이 남자라면 지금까지 내가 개괄한 남녀의 대비와 불균형 때문에 놀랐을 수도 있겠지만, 방어적인 태도를 취하지는 않을 것이다. 하지만 이 글에서는 다를 수 있다. 지금부터 '모든 원치 않는 임신을 유발하는 것은 무책임한 사정'이라고 주장할 것이기 때문이다. 더 간단히 말하면 '모든 원치 않는 임신의 원인은 남자'라는 것이다.

정자는 난자가 있어야 수정할 수 있지만, 난자와 정자의 역할에는 근본적인 인과적 차이가 있다. 남자는 자신의 정자를 언제, 어디에 배출할지 실질적으로 통제할 수 있지만 여자는 자신의 난자를 전혀 통제하지 못한다.

앞서 여자는 자신의 난자가 언제 수정 가능한 상태가 되느지 정확하게 예측할 수 없다는 사실을 확인했다. 하지만 그게 다가 아니다. 난자를 몸 밖으로 이동시키지도 못한다. 성관계를 하는 동안 여자는 난자가 정자에 노출되지 않도록 다른 곳에 숨겨두지도 못한다. 여자는 성관계 전에 난자를 따로 빼뒀다가 성관계가 끝나고 나서 다시 자궁 안에 넣을 수도 없다. 난자는 생식계통 안에서는 위치를 옮겨 다니지만 여자가 난자의 위치가 변화하는 시점을 통제할 순 없고, 성행위와는 별개의 문제다. 여자가 성관계를 하더라도 그 때문에 난자가 이동하지는 않는다. 여자가 오르가슴을 느끼더라도 그 때문에 난자의 위치가 바뀌지 않는다. 여자가 오르가슴을 느끼지 않는 경우도 마찬가지다.

여자, 그리고 그들의 난자와는 달리 남자는 정자를 자기 몸 밖으로 이동시킬 수 있다. 그게 바로 사정이다. 남자들은 정자를 자기 몸 밖으로 이동시켜 다른 사람의 몸 속에 넣겠다고 선택할 수 있다. 동의에 의한 성관계를 하는 동안 남자는 자신의 몸 밖으로 정자를 배출할지 말지, 배출한다면 어디에 위치시킬지 선택한다. 남자는 정자를 콘돔 속에 넣을 수도 있다. 정자를 몸 안에 놔두고 정자가 없는 정액만 사정하기 위해 정관절제술을 받을 수도 있다. 정자를 파트너의 위장에 넣을 수도 있다. 정자를 자기 손으로 받을 수도 있다. 휴지에, 여분의 양말에, 식물에, 아니면 방바닥이나 벽 어딘가에 놓을 수도 있다. 혹은 정자를 질 안에 넣어서 파트너를 원치 않는 임신이라는 심각한 위험에 빠뜨릴 수도 있다.

이렇게 생각하는 사람이 있을지도 모르겠다. '그렇지만 동의에 의한 성관계라면 그 원치 않는 임신에는 두 사람 모두 책임이 있는 거잖아!'

그렇지 않다. 아무리 동의에 의한 성관계라 해도 최종 결정권은 남자에게 있다. 그 이유는 이렇다.

1단계: 여자가 성관계에 동의한다.
2단계: 남자가 책임감 있게 사정할지 결정한다.

여자가 성관계에 동의했다 해도 남자가 자신의 질 안에 사정하도록 강제할 수 없다. 아무리 여자가 "제발 콘돔 없이 하자. 당신이 내 몸 안에 사정해주면 좋겠어"라고 해도 남자가 콘돔 없이 성관계를 해 여자의 질에 사정하게 만들 수 없다. 여전히 남자는 선택해야 한다. 궁극적으로 자신의 정자를 어디에 둘지 결정하는 건 남자다. 남자만이 자신의 정자로 무엇을 할지, 정자를 어디로 보낼지 선택할 수 있다. 여자가 남자에게 콘돔을 쓰지 않아도 된다고 말해도 남자에게 콘돔 없는 성관계를 강제하지 못한다. 남자에게는 거절할 권리가 있다. 만일 남자가 콘돔 없는 성관계를 하기로 선택했다면 원치 않는 임신을 유발할 위험을 선택한 것이다.

여자가 남자에게 무엇을 해도 된다고 '허락'하든 여자는 (합법적으로는) 자신의 몸 안에 남자가 사정하도록 만들수 없다. 남자가 하는 일은 100퍼센트 남자의 책임이다. 여자가 남자에게 음경을 와플 기계에 넣어도 된다고 '허락'한다 해도 남자가 그럴 리 없는 것과 같은 맥락이다. 어떤 사람이 여러분에게 무책임한 일을 하라고 지시했고 여러분이 그 무책임한 일을 하기로 선택한다면, 그 책임은 오롯이 여러분에게 있다.

좀 더 쉽게 이해할 수 있도록 예를 들어보자. 틱톡에 올릴 영상을 찍으려는 두 친구가 있다. 이들에게는 총이 있고 친구 1은 "날 총으로 쏴. 그걸 영상으로 찍는거야"라고 말한다. 친구 2는 "말도 안 돼"라고 반응한다. 친구 1이 매달린다. "야, 괜찮아, 아주 끝내줄 거야, 조회수가 장난 아닐 거라고." 친구 2는 그래도 거절한다. 절대 하지 않을 생각이다. 친구 1이 계속 밀어부친다. "임마, 그냥 해. 안 좋은 일이 생기면 다 내가 책임질게. 내 아이디어잖아." 친구 2가 설득에 넘어가서 친구 1을 쏘기로 한다. 친구 2가 방아쇠를 당긴다. 원래는 그냥 부상만 입힐 의도였지만 조준을 잘못해서 치명상을 입힌다. 친구 2는 살인죄로 기소되어 감옥에 간다.

분명히 짚고 넘어가자. 친구 1(죽은 사람)은 어리석었나?

그의 행동은 무책임했나? 두 질문 모두에 대한 답은 '그렇다'이다. 친구 1은 명백히 무책임한 행동을 선택했다. 그는 그 아이디어를 제안해서도, 거기에 동참해서도 안 됐다. 하지만 친구 1은 제안을 했을 뿐 실제로 누군가를 살해한 게 아니다. 총 앞에 서 있는 건 어리석은 행동일 수는 있지만 누군가를 **죽음에 이르게 하지는 않는다.**

친구 2는 어떤가? 그는 강압을 이기지 못해서 총구를 당겼나? 아니, 그렇지 않다. 종국에는 그의 선택이었다. 친구 2 역시 무책임하게 행동했나? 그렇다. 그리고 그의 무책임한 행동은 누군가를 죽게 만들었다. 이 시나리오에 나오는 무책임한 행동이 모두 동질한 것은 아니다. 어떤 무책임한 행동은 어리석었을 뿐이지만, 어떤 무책임한 행동은 살인으로 이어졌다.

여자가 콘돔 없이 성관계를 하는 데 동의한다면, 또는 콘돔 없이 성관계를 하자고 먼저 제안한다면 그것은 무책임한 행동인가? 그렇다. 콘돔 없는 성관계를 제안하는 여자는 무책임하게 행동하는 것이다. 나는 그러지 않으면 좋겠다. 하지만 그렇다고 해서 그 여자가 임신할 수는 없다. 여자가 얼마나 많은 성관계를 하든 여자의 오르가슴이 임신을 **유발하지는** 못한다.

그렇다. 여자는 어느 남자와 성관계를 할지 선택한다. 하지만 여자가 선택했다고 해서 그 남자가 콘돔을 사용하거나 성관계를 거절하거나 정관절제술을 받을 수 있는 육체적 능력을 상실하진 않는다. 만일 한 남자가 콘돔 없는 성관계를 선택하고 자신의 정액을 여자의 질 안에 넣는다면 이 남자는 무책임할 뿐만 아니라 그의 몸은 오르가슴과 정자를 통해 임신을 유발할 **수 있다**. 다시 한 번 강조하자면 이 시나리오에서 무책임한 행동이 모두 동질한 것은 아니다. 콘돔 없이 성관계를 하고 오르가슴을 느끼는 쪽을 선택한 여자의 행동은 무분별할 뿐이다. 그러나 콘돔 없이 성관계를 하고 오르가슴을 느끼는 쪽을 선택한 남자의 행동은 임신을 유발할 수 있다.

그래도 어쩌면 당신은 아직 하고 싶은 말이 남았을지도 모르겠다. 그러니 시나리오를 하나만 더 들어보자. 여자와 남자가 콘돔 없이 성관계를 하는 데 동의한다(편의상 이 남자는 쿠퍼액에 정자가 없는 대다수에 속하는 걸로 하겠다). 남자는 음경을 여자의 질 안에 넣고 최선을 다해 움직이고 얼마 뒤 여자는 오르가슴을 느끼지만 남자는 아직 느끼지 못했다. 여자는 자신의 오르가슴이 끝나는 순간 일을 마무리하고 "성관계 아주 고마웠어!"라고 말한 뒤 옷을 입고 떠난다. 이들은 성관계를 가졌고, 여자에게는 난자가 있었고, 여자는 오르가슴을 느꼈음에도 여자는 임신하지 않았고 할 수도 없었다. 남자 파트너가 사정을 하지 않았으므로 여자는 임신할 위험 없이 무방비한 성관계를 무사히 끝냈다. 정자가 없는 무방비한 성관계는 임신으로 이어지지 않는다.

그럼 당신은 이렇게 생각할지도 모르겠다. '그건 진짜 성관계가 아니야, 남자가 사정도 안했잖아.' 그렇지만 그건 당연히 성관계다. 반대 상황, 그러니까 남자가 오르가슴에 금방 도달하고 여자는 아직 오르가슴을 느끼기도 전에 성관계를 중단하는 경우는 성관계로 간주된다(이런 경우는 말도 못하게 흔하다). 음경이 질 속에 들어갔다면 그건 어느 한쪽이 오르가슴을 느꼈든 못 느꼈든 삽입 성관계이다.[1]

궁극적으로 난자를 수정시켜서 임신을 유발할 수 있는 정자를 만드는 건 남자들이다. 남자들이 책임감 있는 사정을 선택하면 임신중단으로 이어지는 원치 않는 임신을 쉽게 예방할 수 있다.

no. 14

사람들은
여자에게 자신의
몸뿐만 아니라
남자의 몸까지
책임지기를
기대한다

이 주제를 거론할 때면 늘 다양하게 변주된 이런 식의 반응을 접한다. "여자가 남자한테 콘돔을 사용하라고 요구하고 만약 남자가 콘돔을 사용하지 않으면 성관계를 거절하면 되잖아요." 이렇게 순진할 수가! 문제가 이토록 간단하게 해결된다면 얼마나 좋을까.

여자들이 콘돔 없이는 성관계를 하지 않겠다고 거절할 수 있다는 건 맞는 말이다. 오늘 이 순간에도 전 세계에서 많은 여자가 콘돔 사용을 강하게 요구하고 있다. 하지만 이렇게 반문할 수도 있다. 대체 어째서 여자가 남자에게 콘돔을 사용하라고 요구해야 한단 말인가? 왜 남자들이 자기 콘돔을 마련하고 굳이 요구하지 않아도 콘돔을 쓰는 게 기본값이 아닌 건가? 남자가 콘돔을 사용하지 않아서 좋은 건 누구인가?

여자가 콘돔을 쓰라고 요구하지 않으면(여자가 정신이 다른 데 팔린 나머지 까먹었다고 해보자) 남자에겐 아무 잘못도 없다는 뜻인가? 여자가 콘돔 얘길 꺼내지 않았으니 남자는 콘돔을 사용하지 않아도 된다는 건가? 남자는 자신의 체액을 책임질 필요가 전혀 없나? 당연히 남자에겐 그럴 책임이 있다.

미국의 많은 주에서 자신이 성병에 걸렸음을 아는 인간 1이 파트너인 인간 2를 감염시킬 경우, 이를 범죄라고 판단해 검찰이 기소할 수 있다. 여기에 더해 인간 2는 인간 1을 상대로 민사소송도 제기할 수 있다.[1] 당신의 체액이 파트너에게 피해를 입힐 가능성이 있다면 그러지 않도록 단속하는 것은 당신의 책임이다.

남자가 여자의 집에서 (피임약 같은) 피임의 증거를 보았거나 아니면 여자에게 피임 중인지 묻고 그렇다는 대답을 들었다면, 남자는 더 이상 피임을 신경 쓰지 않아도 되는 건가? 여자가 피임을 한다고 대답하면 남자는 콘돔을 사용할 의무를 면제받는 건가? 그렇다면 그건 어째서인가?

어쩌면 당신은 책임이 반반이라고 생각할지도 모르겠다. 여자는 남자에게 콘돔을 사용하라고 단호하게 요구하기만 하면 되니까. 그런데 잠깐. 여자가 남자에게 콘돔을 사용하라고 단호하게 요구해야 한다면, 애당초 그 남자는 무책임한 사람 아닌가? 그게 어떻게 반반인가? 여자가 남자에게 콘돔을 사용하라고 단호하게 요구해야 한다는 말은 여자에게 전적인 책임을 지우는 것일 뿐이다. 여자에게 자신의 행동뿐 아니라 남자의 행동도 책임지라고 요구하는 것이다. 만약 여자가 단호하게 요구할 때만 남자가 콘돔을 사용한다면, 그 남자가 책임감이 있다고 말할 수 있나? 그렇지 않다. 남자는 콘돔을 사용하거나 정관절제술을 받거나 무방비한 성관계를 거절할 수 있다. 남자가 이렇게 하면 임신의 원인을 제공하지 않는다. 피임하는 자신의 파트너에게 의지하는 남자는 자신의 책임을 회피하거나 유기하는 것이다.

또 다른 예를 들어보겠다. 당신에게 감염병에 걸린 아이가 있다고 해보자. 이 감염병은 혈액이 다른 사람에게 닿으면 전파될 수 있다. 다행히도 관리할 수 있는 감염병이어서 아이의 삶의 질에는 영향을 미치지 않는다. 하지만 그래도 당신은 당연히 아이에게 혈액에 대해서는 아주 조심해야 한다고 가르칠 것이다. 만일 운동장에서 놀다가 상처가 생기면 선생님이나 친구를 감염시킬 위험이 있으니까. 부모인 당신은 그 점을 여러 차례 강조하고 아이가 감염병을 다른 사람에게 전파하지 않기 위해 해야 할 일을 빠짐없이 챙기도록 단속할 것이다. 당신은 아이가 자신의 혈액을 책임지기를 기대할 것이다. 아이가 자라서 자신의 행동이 어떤 결과를 초래할지 이해할 나이가 된다면 더욱 그럴 것이다.

당신에게 아들이 있다면 아들의 정자는 아들이 성관계를 하는 모든 여자를 '감염'시킬 수 있다. 부모로서, 공동체의 일원으로서 우리는 아이에게 정자를 조심스럽게 다뤄야 한다고 강조할 필요가 있다. 임신과 출산은 여자를 사지로 내몰 수 있다.[2] 임신과 출산은 영구적인 상처를 남기고, 이후의 불임 확률을 높이는[3] 등의 건강 문제를 야기할 가능성도 대단히 높다.[4] 계획되지 않은 임신과 출산은 미래의 아이와 그 부모의 삶에 상당한 부정적 영향을 미치기도 한다.[5]

남자의 정자는 막대한 피해를 초래할 수 있다.

이렇게 말하려니 너무 속상하고 믿어지지도 않지만, 지금 우리 문화를 보면 남자들이 임신을 예방할 책임을 질 거라고 기대하지 않는다. 심지어 남자들이 자기 콘돔을 챙길 거라는 기대조차 하지 않으니 말이다.

원치 않는 임신의 원인은 남자가 제공하는데 정작 어떻게 그런 일이 일어날 수 있냐는 질문은 임신한 여자를 향한다. '어째서 남자한테 콘돔을 쓰게 하지 못한 거야?' '왜 집에다가 콘돔을 챙겨두지 않은 거야?' 여자에게 콘돔을 챙겨두라니 이상하지 않은가? 마치 신생아를 키우는 사람이 아이가 없는 집에 가서 기저귀와 물수건과 젖병이 없다고 놀라는 꼴이다.

하지만 현실에서는 그럴 필요가 없음에도 여자들은 **정말** 콘돔을 챙겨둔다. 침실 협탁에 콘돔을 보관하는 여자는 쉽게 찾아볼 수 있다. 평범한 콘돔 상자를 넣어두고 이 콘돔이 누구든 필요한 사람에게 제 쓰임을 다하기만을 바라는 것이다.

만일을 대비해서 **누구나** 콘돔을 갖고 다녀야 한다고 말할 수도 있다. 그야말로 좋은 태도다. 그럼 남자들도 동거인 중에 생리 중인 사람이 없어도 집에 월경 용품을 구비해놓으면 좋겠다.

이 책을 쓰기 위한 조사를 하면서 많은 기혼 여성과 연인이 있는 여자들의 이야기를 들었다. 사랑하고 신뢰하는 남자, 삶을 함께 일굴 건실한 남자가 있는 여자들. 하지만 이 여자들에게도 비슷한 사연이 있다. 세 자녀를 두고 자궁 내 피임장치를 삽입한 한 여성은 1년간 매일 피를 흘렸고, 자궁 내 피임장치의 부작용이 너무 싫어서 다른 모든 피임법을 시도해봤다고 내게 말했다. 이 여자는 어째서 자기 남편이 정관절제술을 먼저 제안하지 않았는지 의아해했다. 또 다른 여자는 언젠가는 많은 아이를 갖고 싶긴 했지만 남편이 "콘돔 쓰는 걸 좋아하지 않았다"고, 그래서 **결국** 5년 동안 네 자녀를 두게 되었다고 설명했다. 자신이 생각했던 것보다 훨씬 빠르게, 그리고 오랜 기간 심각한 손상을 입을 만큼 빠르게 말이다. 다시 말하지만 이 여자들은 좋은 남편이자 좋은 아버지가 되려고 노력하는 남자들과 안정되고 애정을 바탕에 둔 결혼 관계를 유지하고 있다.

이 이야기들은 이 사회에 남자와 피임이라는 문제에 대한 커다란 맹점이 있음을 분명하게 보여준다. 남자들은 여자가 피임에 관한 모든 일을 알아서 처리할 거라고, 여자는 자신의 몸뿐만 아니라 남자의 몸까지 책임질 거라고 당연한 듯 전제한다. 여자들 역시 그건 여자의 일이라고 여기고 만다.

우리는
초점을 남자로
옮겨야 한다

정관절제술을 받은 남자, 콘돔을 항상, 정확하게 사용하는 남자, 무방비한 성관계를 거절하는 남자는 자기 음경을 가지고 하는 행동에, 자신이 사정하는 위치에 책임지는 것이다. 이렇게 하지 않는 모든 남자는 무책임하다. 원치 않는 임신을 예방하기 위해 남자들이 할 수 있는 일이 뭐겠냐고 물었을 때 "글쎄, 그냥 여자들이… 하면 되는데"라고 대답하는 남자는 사실상 원치 않는 임신을 예방하는 데 아무 관심도 없다고 선언하는 것이다. 여자가 아닌 남자에게 초점을 맞춰야 한다.

조금만 주의하면 아주 쉽게 원치 않는 임신을 예방할 수 있는데도 여자가 어떤 조치를 취해야만 원치 않는 임신을 막는 데 관심을 두는 남자는 원치 않는 임신의 가능성을 낮추는 것보다는 여자를 통제하는데 훨씬 관심이 많은 것이다.

이런 경향은 여자에게 맞춰진 초점을 옮길 생각이 없음을 보여준다. 흔히들 하는 말처럼 말이다. "그러게, 그 여자가 다리를 잘 오므리고 있었어야지! 여자가 성관계를 선택했으면 임신을 선택한 거나 마찬가지야."

그렇다. 우리는 성관계를 즐기는 여자를 당연하다는 듯 탓한다. 어떻게 감히 여자가 성관계를 하고 싶어한담? 하지만 이건 너무 뒤떨어진 관점이다. 남자가 삽입하는 동안 오르가슴을 느끼는 여자는 누구도 위험에 빠뜨리거나 해치지 않는다. 삽입을 하면서 오르가슴을 느끼는 남자는 여자의 몸, 건강, 소득, 관계, 사회적 지위, 심지어는 목숨까지 위협하고 다른 인간을 만들어낼 수도 있다.

그러니까 당신이 임신중단을 줄이는 데 관심이 있다면, 이상한 말처럼 들리겠지만 임신중단에 초점을 두는 것은 해답이 아니라는 말이다. 여자에게 초점을 두는 것 역시 해답이 아니다. 여자들은 이미 원치 않는 임신을 예방하기 위해 할 수 있는 일을 다하고 있다.

당신이 정말로 임신중단을 줄이고 싶으면 그보다 앞선 문제에 관심을 가져야 한다. 임신중단 대신 원치 않는 임신을 예방하는 데 초점을 맞춰야 한다. 그러려면 무책임한 사정을 막아야 한다.

임신중단에만, 그것이 합법적·윤리적 권리인지에만 초점을 맞추면 원치 않는 임신을, 그리고 무책임한 사정을 줄이지 못한다. 하지만 무책임한 사정을 크게 줄이면 원치 않는 임신도 줄어들고, 임신중단 역시 줄어들 것이다.

따라서 남자에게 초점을 맞추는 것이 실용적인 결정이다. 지금까지 일방통행로에서 반대 방향으로 차를 몰고 있었던 것이다. 남자들에게, 무책임한 사정을 막는 데 초점을 맞춰야 한다. 다른 모든 것(원치 않는 임신과 임신중단의 감소)은 초점을 정확히 맞추고 나면 자연스럽게 따라온다.

남자들이 자기
행동을 책임지게
만든다고 여자가
피해자가 되지는
않는다

이쯤에서 당신은 생각할지 모르겠다. '남자가 모든 원치 않는 임신을 유발한다고? 그럴 순 없지. 그건 너무 불공평한 것 같은데. 잘못된 것 같아. 여자의 주체성과 책임이 없어지잖아. 여자를 이 모든 일에서 아무런 결정 능력이 없는 무력한 존재로 보는 거야? 여자는 나약하다고 인정하는 건가? 여자를 피해자로 만드는 건 아닐까?'

그렇지 않다. 나는 여자들에게는 아무런 책임이 없다고 말하는 게 아니라, 남자들에게 그들 몫의 책임을 일깨워주는 것일 뿐이다. 남자들이 자기 행동을 책임지게 만든다고 해서 여자가 무력한 피해자가 되지는 않는다. 남자에게 일정한 책임을 지도록 요구하는 것은 여자들에게 아무런 책임을 지지 않게 하는 것과는 다른 문제다.

남자, 또는 남자의 책임이라는 주제를 거론하는 것은 여자에 대한 논평과는 사실상 별개의 일이다.

다른 비유를 들어보겠다. 제니퍼와 데이비드라는 두 명의 10대가 있다고 해보자. 이들은 학교 과제로 함께 팀 프로젝트를 해야 한다. 제니퍼는 이미 자기 몫을 다하고 있다. 그래서 어떤 사람이 데이비드에게 말한다. "이봐, 제니퍼는 자기 몫을 다하고 있는 걸 알지? 너도 분발해야겠어." 이게 제니퍼가 더 이상 자기 몫을 할 필요가 없다는 의미인가? 그렇지 않다. 데이비드가 자기 몫을 책임감 있게 실행해야 한다는 뜻이다.

남자들이 책임을 지게 만드는 것은 여자들은 자신의 성생활을 전혀 제어할 수 없다거나, 여자는 수동적인 피해자일 뿐이라는 의미가 아니다. "무책임한 사정이 원치 않는 임신의 원인이다"라는 말이 여자는 언제, 어떤 이유로, 어떤 방식으로, 누구와 성관계를 할지 선택할 수 없다는 뜻인가? 그렇지 않다.

그래도 여전히 모든 원치 않는 임신의 원인은 남자라는 말이 부당하게 느껴진다면, 여자에게는 아무런 책임이 없다는 소리인가 싶어서 찜찜하다면 긴장을 풀고 생각해보길 바란다. 남자가 무책임하게 사정해서 원치 않는 임신이 발생한다면 이 여자에게는 그 임신을 감당하는 것 말고는 아무런 선택지가 없다는 사실을 상기하자. 여자가 대체 어떻게 원치 않는 임신의 결과에서 자유로울 수 있단 말인가? 불가능한 일이다. 여자는 임신을 끝까지 유지하든 유산을 하든 임신을 중단하든 어떤 식으로든 이를 감당해야 한다. 반대로 원치 않는 임신의 책임에서 자유로운 평범한 남자들의 사례들을 떠올릴 수 있나?(나는 떠올릴 수 있다!)

여자들에게 피임에 대한 책임을 더 물어야 한다고 생각한다면 당신은 운이 좋다. 여자들은 이미 피임을 위해 애쓰고 있으니까. 피임에 필요한 대부분의 일은 이미 여자들이 하고 있다. 피임의 부담, 피임의 영향, 피임 실패의 결과는 기본적으로 모두 여자들이 감당한다.

흥미롭게도 내가 피임을 위한 노력은 대부분 여자들이 알아서 하겠거니 하고 기대하는 게 오늘날의 현주소라고 지적하면 누구도 "이럴 수 없지. 너무 불공평한 것 같은데. 잘못된 것 같아"라고 말하는 걸 들어보지 못했다. 사람들은 남자들에게 화살이 돌아올 때에만 불균형을 문제 삼는다. 가만히 생각해보면 좋겠다. 모든 원치 않는 임신의 원인은 남자라는 나의 단순한 주장이 부당하다고 느껴진다면, 피임을 위해 거의 여자만 노력하고 있다는 아주 분명한 현실에도 똑같은 불편함을 느끼는가? 그것도 마찬가지로 부당하다고 생각하는가?

여자들은 자신의 몸과 체액을 책임져야 한다. 여자들은 실제로 책임을 지고 있고 앞으로도 계속 그래야 할 것이다. 나는 그저 남자들 역시 자신의 몸과 체액을 책임져야 한다고 지적하는 것이다.

여자는 자신의 몸과 체액에 100퍼센트 책임이 있다. 남자는 자신의 몸과 체액에 100퍼센트 책임이 있다. 남자에게는 임신을 유발할 수 있는 체액이 있으므로 그 체액을 책임져야 한다고 지적한다고 해서 여자의 책임이 사라지거나 여자가 무력한 피해자로 전락하지는 않는다.

남녀 간의
불평등한 권력
관계는 실재하고
이는 순식간에
폭력으로
이어질 수 있다

미국은 남자들의 쾌락을 중시하는 가부장적 사회다.[1] 여자에게 자신의 몸을 보호하기보다는 남자의 쾌락을 신경 쓰라는 문화적 억압이 거세게 가해지지만 이에 대한 사회적 이해나 인정은 대단히 부족하다. 여자가 콘돔을 쓰라고 단호하게 요구하면 안전하다는 말은 남녀 사이에, 특히나 성관계에 존재하는 불평등한 권력관계를 무시한다. 직장에서 상사에게 성적 괴롭힘을 당하는 여자들에게 "그냥 폭로해버리면 되잖아"라고 말하는 거나 마찬가지다. 그것이 문제를 해결하는 간단하고 손쉬운 방법이라는 듯이. 하지만 상황은 그보다 훨씬 복잡하다.

남자들을 위한 깜짝 퀴즈

여자들이 남자에게 콘돔을 사용하라고 요구해야 한다고 말하기는 아주 쉽다. 그러나 다음 질문들을 보면 그 말이 진정으로 뜻하는 바가 무엇인지 이해할 수 있을 것이다. 질문을 읽으면서 두 사람 사이에 어떤 권력관계가 작동하는지 생각해보길 바란다.

- ☛ 당신은 성관계를 하기 전에 콘돔이나 다른 피임법을 먼저 제안하지 않고 파트너가 말을 꺼낼 때까지 기다린 적이 있습니까?
- ☛ 당신은 파트너에게 콘돔을 쓰지 않는 성관계가 좋다고 암시하거나 이를 노골적으로 말한 적이 있습니까?
- ☛ 당신은 파트너가 콘돔을 가지고 있을 거라고, 아니면 알아서 피임하고 있을 거라고 넘겨짚은 적이 있습니까?
- ☛ '이 여자가 임신하면 임신중단 수술을 받으면 되고 아니면 사후 피임약을 사러 가면 되겠지'라고 생각한 적이 있습니까?
- ☛ 당신이 콘돔을 사용하지 않는 대신 밖에다가 사정하겠다며 파트너를 구슬린 적이 있습니까?
- ☛ 밖에다가 사정하겠다고 약속해놓고 그 약속을 지키지 않은 적이 있습니까? (명심하세요, 그건 성폭력입니다.)[2]
- ☛ 성관계를 하는 동안 파트너 몰래 콘돔을 제거한 적이 있습니까? (맞아요, 이것도 성폭력이에요.)[3]
- ☛ 파트너에게 당신에게는 콘돔이 소용이 없다고, 콘돔이 잘 안 맞

고, 콘돔을 쓰면 항상 찢어진다고 이야기한 적이 있습니까?

☛ 파트너가 콘돔을 쓰자고 얘기했을 때 한숨을 쉬거나 인상을 쓴 적이 있습니까?

☛ 파트너가 피임약을 먹고 있으니 당신이 콘돔을 쓸 필요는 없다고 넘겨짚은 적이 있습니까?

☛ 당신이 콘돔을 쓰고 싶지 않을 때 파트너가 성관계를 거절하면 그만이라고 넘겨짚은 적이 있습니까?

☛ 당신이 콘돔을 쓰지 않겠다고 했는데 파트너가 자리를 박차고 나가지 않았으니, 파트너에게 책임을 미루며 그가 무책임하다고 생각한 적이 있습니까?

☛ 사람들이 재채기할 때 세균이 사방으로 튀지 않도록 입과 코를 가려야 한다고 생각하나요? 그렇다면 당신은 자신의 정자가 어디에 도달할지 걱정할 필요가 없다고 생각하나요?

☛ 당신의 파트너가 콘돔 없는 성관계를 하자는 당신의 요구를 거절하면 파트너에게 위해를 가하겠다거나 적어도 힘들거나 고통스럽거나 불쾌한 상황을 유발하겠다고 암시한 적이 있습니까?(이건 성적 강압이에요. 누군가가 이런 짓을 한다면 그 사람은 감옥에 가야 합니다.)

☛ 여자에게는 원치 않는 임신을 알아서 예방하라는 문화적·심리적·감정적 압력이 가해진다는 걸 알고 있나요?

☛ 남자를 실망시키지 않으려면, 남자를 기분 나쁘게 하지 않으려면, 남자의 쾌락을 반감시키지 않으려면 여자는 콘돔 없는 성관

계에 동의해야 한다는 압력이 존재한다는 걸 알고 있나요?

☞ 밖에다 사정하겠다고 약속해놓고 그렇게 하지 않은 남자에 대한 농담을 하거나 그런 농담을 듣고 웃은 적이 있나요?(여자의 의사를 묵살하고 성폭력을 저질러 임신시켰다는 게 그렇게 웃긴가요?)

☞ 여자는 자궁 내 피임장치 삽입술을 기꺼이 해야 한다고 생각하면서도 정관절제술은 아플 것 같아서, 받고 나면 성관계의 즐거움이 줄어들 것 같아서, 아니면 당신의 남성성이 실추될 것 같아서 이를 받지 않으려고 했던 적이 있나요?(자궁 내 피임장치 삽입술도 고통스럽고 몸 안을 헤집지만 진통제도 없이 시술한답니다.)

☞ 파트너가 피임하지 않고 있다는 걸 알면서도 콘돔 없는 성관계에 동의한 적이 있나요? 왜 그랬죠? 여자가 동의했다고 해도 그런 식으로 여자의 건강과 목숨을 위험에 빠뜨릴 이유가 있었을까요? 여자가 어떤 사회적 압력을 느끼기에 본질적으로 자해와 다를 바 없는 그 행위에 동의하게 되는 건지 생각해본 적 있나요?

☞ 당신의 체액에 대한 책임은 100퍼센트 당신에게 있다는 걸 알고 있나요?

여자들은 성관계 또는 콘돔 없는 성관계를 거절했을 때 남자의 폭력과 분노에 찬 반응을 마주할지도 모르는 세상에서 살아가고 있다.[4] 당신보다 몸무게가 두 배 더 나가고 당신의 목을 쉽게 부러뜨릴 수 있는 사람과 잠자리를 해보지 않았다면 이를 상상하기 어려울 것이다.

권력관계와 원치 않는 임신에 대해 이야기하는데 어떤 남자가 "그냥 여자가 남자한테 콘돔을 쓰라고 하면 되잖아요?"라고 툭 던지면 매우 짜증이 난다. 왜 그렇게까지 짜증이 날까? 그 이유는 이렇다. ①남자들은 다른 남자들이 겁난다고 바로 시인한다. 남자들은 후환이 두려워서 다른 남자에게 맞서거나 공개적으로 비판하는 걸 내켜하지 않는다.[5] 남자가 다른 남자에게 맞서거나 비판할 때 두려움을 느낀다면 여자라고 안 그럴까? ②남자들은 일반적으로 자신들이 여자보다 신체적 힘이 두 배 정도 강하다는 걸 알고 있다.[6] ③남자가 거절을 당하면 폭력적으로 돌변할 수 있다는 건 공공연한 사실이다. 이 세 가지를 알면서도 많은 남자가 어째선지 여자가 남자에게 콘돔을 사용하도록 단호하게 요구하거나, 콘돔을 사용하지 않으려 한다면 성관계를 거부하는 게 간단하고 쉬운 행동이라고 생각한다. 만일 남자가 여자와 동일한 상황에 놓인다면 (자신보다 힘이 두 배는 세면서 거절당하면 폭력적으로 돌변할 수도 있는 누군가에게 불편한 요구를 해야 하는 상황이라면) 선뜻 그렇게 할 수 있을까?

여자들은 감정적으로 거부당할 수도 있고, 언어적 폭력을 당하거나 달리 갈 곳이 없는 상황에서 집 밖으로 내쳐질 수도 있다. 구타를 당하거나 목을 졸리는 등의 신체적 폭행이나 강간을 당할 수도 있다. 자신의 분노를 폭력적으로 표출하는 가해자가 모르는 남자일 수도 있겠지만, 남자친구, 남편, 그 외에 알고 지내는 사람일 가능성이 훨씬 높다.

북미에서는 여자 네 명 가운데 한 명 꼴로 성폭행을 당한다.[7] 남자의 30~35퍼센트가 만일 법으로 처벌받지 않는다면 강간을 하겠노라고 인정했다는 연구 결과도 있다.[8] 영국의 심리학 연구에서 2만 2,000명의 여자를 대상으로 조사한 결과 51퍼센트가 자다가 깨어보니 파트너가 자신을 상대로 성관계 또는 성적인 행위를 하고 있던 적이 있다고 대답했다.[9] 많은 젊은 여자에게 폭력은 **동의한** 성관계라 해도 대비해야 하는 성관계의 일부가 되어버렸다. 목을 졸리거나 구타당하는 등의 폭력을 당하지 않더라도 '고리타분한 년vanilla'이라는 꼬리표가 달려 차이기도 한다.[10]

동의는 했지만 **강압적인** 성관계를 하는 여자들도 많다. 폭력적인 결혼이나 연애 관계에 놓인 여자들이 대표적이다(통계적으로 강압적인 성관계coerced sex는 비동의 성관계nonconsensual sex에 포함되지 않음을 유념하자).[11] 이런 상황에 처한 여자가 임신해서 아이를 낳으면 양육권으로 학대자와 묶인다. 게다가 학대자는 이제 이 아이마저 학대할 수 있다.[12]

임신부의 주요 사망 원인은 살인이며, 그들을 임신시킨 남자가 범인인 경우가 많다.[13] 성적인 관계에 작용하는 권력관계를 이보다 명확하게 보여주는 사실이 있을까?

학대에 관한 데이터를 언급하면 이런 반응이 빠지지 않고 등장한다. "그냥 더 괜찮은 남자를 고르면 되는 거 아니야? 어째서 학대하는 놈하고 성관계를 하는 건데?"

음… 그럼 혹시 목록 같은 게 있을까? 여자들이 피해야 하는 남자 목록 같은 것이? 학대하는 남자와 학대하지 않는 남자를 구분하는 어떤 확실한 방법이 있다면 정말 알고 싶다. 그런데 일상생활에서 학대하는 남자를 분간하는 능력은 사실 남자가 여자만 못하다.[14] 통계적으로 모든 남자는 일상생활에서 학대자를 알고 지낸다. 직장 동료, 이웃, 친구, 교회 사람 중에 학대자가 있기 때문이다. 하지만 남자들은 자기가 아는 남자 중에 누가 타인을 학대하는 성향을 가졌는지 눈치채지 못한다. 그럼 여자라고 그걸 알아낼 재간이 있을까?

"그냥 더 괜찮은 남자를 고르면 되는 거 아니야?"라고 반문하지 말자. 우리에게 필요한 질문은 "어째서 그렇게 많은 남자가 학대를 저지르지?" "어째서 남자들에게 학대하지 말라고 가르치지 않지?"이다.

우리 모두 불평등한 성별 권력관계에서 헤어나지 못하고 있다. 아랍의 젠더 연구자이자 시인인 파리다Farida D.는 《날 페미니스트로 만든 똥 목록 8번째The 8th List of Shit That Made Me a Feminist》라는 자신의 책에서 이를 잘 묘사한다.

가부장제는 우리에게 가르친다, 여자에게 성관계는 **내주는 것**이고 남자에게 성관계는 **가져가는 것**이라고.

여자는 자신을 간수하고 있다가 자신을 적당한 놈에게 내주고 처녀성을 잃는다. 이 등식에 따르면 성관계에서 여자가 가져갈 것은 아무것도 없다. 반대로 남자는 취하고 점수를 올린다. 성관계에서 남자가 주는 것은 아무것도 없다. 여자의 사고가 **내주도록** 사회화되어 있을 때, 여자는 "싫다"라고 말하려면 발버둥 쳐야 한다. 남자의 사고가 **가져가도록** 사회화되어 있을 때, 남자는 "싫다"를 받아들이려면 노력해야 한다.[15]

여자는
임신에서 가볍게
빠져나가지
못한다

남자가 원치 않는 임신을 유발하면 여자는 이를 어떻게 수습할지 고민에 빠진다. 아무것도 하지 않는 건 불가능하다. 어쨌든 여자는 숱한 결정을 내려야 한다. 임신을 유지하고 아이를 낳아야 하나? 직장에 계속 다닐 수 있을까? 가족에게 버림받지는 않을까? 병원비는 어떻게 마련하지? 내가 아이를 키울 형편이 되나? 임신중단 수술을 받을 수는 있나? 내가 사는 주에서 이를 허용하고 있나? 지금 임신 몇 주차지? 필요하면 다른 주로 건너갈 돈이 있나? 입양을 고려해볼까? 입양을 보낸다면 공개 입양으로 아이와 연락하며 지내야 하나? 임신 기간 동안 또는 출산하고 나서 친권을 포기하려던 마음이 바뀔 수도 있을까?

　남자는 마음만 먹으면 이 엄청난 육체적·심리적 부담에

서 은근슬쩍 빠져나갈 수 있다.

무책임한 사정이 모든 원치 않는 임신의 원인이라고 지적하면, 이 전제를 받아들이기만 해도 임신의 신체적 결과를 짊어지는 사람이 마법처럼 바뀐다고 생각하는 사람들이 있다. 남자가 사정의 책임을 여자와 나눌 수 있다는 발상은 참 흐뭇하다. 그런데 그걸 어떻게 나눈다는 걸까? 남자가 임신 기간의 절반을 감당하는 건가? 산고와 분만의 절반을 나누어 겪는 건가? 모유 수유를 절반 맡는 건가?

원치 않는 임신을 유지하거나 중단하거나 임신 합병증으로 고생하거나 산고와 분만을 겪는, 그로 인해 죽음에 이르는 남자는 없다. 남자는 원치 않는 임신에서 가볍게 벗어날 수 있고 실제로 그러고 있다. 하지만 여자는 그럴 수 없다.

우리는 임신과 출산에 대해 정직하지 않다

임신중단에 대한 논의에서는 임신과 출산에 관한 부정적 (육체적·감정적·금전적·사회적) 현실을 정확하게 짚지 않는다.

임신과 출산을 경험하는 사람은 누구든 흉터가 남거나 통증, 신체 기능 상실 등 자신의 몸에 영구적으로 안 좋은 변화가 일어날 것을 예상해야 한다. 극단적인 말처럼 들릴 수 있지만, 이 말이 극단적으로 들리는 이유는 여자의 임신과 출산 경험을 시종일관 대수롭지 않게 여겨온 문화 때문이다. 일례로 나는 교과서적으로 '건강한' 임신을 여섯 차례 겪었다. 만일 매번 출산 직후 누가 나에게 흉터가 남았거나 통증과 신체 기능 상실을 겪었냐고 물었다면 나는 의학적으로 끔찍한 임신/출산을 경험했던 내가 아는 모든 여자를 떠올리고는 재빨리 "아뇨, 임신 동안 큰 의학적 문

128

제 없이 아주 순탄했어요"라고 대답했을 것이다. 그러나 내 임신이 아주 순탄했던 건 사실이지만 아주 조금만 더 생각해도 나는 분명 임신과 출산 때문에 흉터가 생겼고 통증과 신체 기능 상실을 겪었다.

자세히 들여다보면 임신과 출산 과정은 상당히 공포스럽다. 이는 상반된 두 가지가 동시에 참인 과정이다. 임신과 출산은 가슴이 터질 듯 벅차고 기적 같은 일인 **동시에** 몸이 경험할 수 있는 가장 위험하면서 막대한 신체적 손상을 초래하는 일이다.

임신과 출산은 골격 구조를 바꿔놓을 수 있다.[1] 질은 출산 후 말 그대로 내려앉을 수 있다.[2] 이를 골반장기탈출증이라고 한다. 발이 퉁퉁 부어오르는 건 예사다(당신이 가진 모든 신발과는 작별인사를 해두기를).[3] 태아는 어머니의 몸에서 칼슘을 흡수하기 때문에 임신부는 심각한 골손실을 경험할 수 있다.[4]

탈모, 꼬리뼈 손상, 신장결석, 극도의 메스꺼움과 구토로 인한 식도 손상, 금이 갈 정도의 갈비뼈 손상, 다량의 혈액 손실, 치질, 찢어진 생식기를 30여 바늘 꿰매기 등 상대적으로 단기적인 문제들도 있다.[5] 뇌졸중으로 이어질 수 있는 만성 고혈압[6], 재채기를 할 때마다 요실금을 유발할 수 있는 골반저 손상[7] 같은 평생 가는 문제도 있다. 임신과 출산은 전에는 없던 새로운 알레르기, 우울증, 자궁감

염, 담낭 제거 수술, 류머티스성 관절염, 불임을 초래할 수
도 있다.[8]

임신과 출산은 몸의 움직임을 달라지게 한다. 내가 여자
들에게 임신과 출산 이후 몸에 어떤 변화가 생겼는지를 물
어보면 이런 말을 꼭 듣는다. "아이를 낳고 나서 몸을 길게
뻗지도, 윗몸일으키기는커녕 바닥에 등을 대고 반듯하게
누워 있지도 못해요." 임신과 출산으로 치골 결합부 기능
부전, 골반 통증을 겪을 수 있다.[9] 이러한 증상은 출산하는
동안 골반이 벌어지게 하는 호르몬이 너무 일찍 분비될 때
나타나는데, 걷는 게 아주 힘들어질 수 있다.

임신과 출산은 몸의 생김새를 바꿔놓는다. 외음부 절개
흉터, 질 흉터, 제왕절개 흉터, 말초삽입형 중심정백관*
흉터, 피부가 갑자기 늘어나면서 몸의 중앙, 허벅지, 엉덩
이, 가슴에 넓게 퍼지는 흉터. 복직근 이개(복부 근육의 갈라
짐)는 일도 아니다.[10] 체중 증가와 가슴 처짐도 잊지 말자.[11]

사회는 여성에게 이런 문제와 신체 변화에 묵묵히 대처
하며 엄마가 되는 과정으로 달갑게 받아들이길 기대한다.
트램펄린에서 뜀뛰기를 하면 오줌을 지린다는 이유로 몸
을 사리는 여자에 대한 농담처럼, 문화에 따라 여성의 경

---

*　　척추에서 몸통, 팔 다리로 갈라져 오는 혈관인 말초 혈관을 통해 심장 가까이
　　에 위치한 혈관에 삽입하는 관을 말한다.

험은 농담으로 소비된다. 만일 유부남이 뜀뛰기를 하거나 재채기를 할 때마다 오줌을 지린다면 우리 사회가 어떻게 반응할지 상상해보자. 의학계는 아마 가만 있지 않을 것이다. 당장 그 문제를 해결하려 들지 않을까. 이왕 말이 나온 김에 덧붙이자면, 임신과 출산에 따르는 몇 가지 문제는 의학적 개입으로 해결 또는 개선할 수 있다. 하지만 이를 미용 시술로 간주하느냐에 따라 보험이 적용될 수도, 그렇지 않을 수도 있다.

그다음으로 통증이 있다. 임신과 출산은 **아프다**. 요통, 두통, 신경 압박, 피부 당김, 유방 팽만이 나타난다. 하지만 통증이 아무리 심해도 임신 중에는 발달 중인 태아에 피해가 갈지도 모른다는 우려 때문에 보통 진통제를 처방해주지 않는다.[12]

진통을 겪고 분만을 하는 동안에는 경막외마취제 또는 척추마취제를 투여하기도 하지만 항상 효과가 좋은 것은 아니며 자체적인 부작용이 있다.[13] 나는 네 번째 아이의 진통과 분만 중에 척추마취를 받았다. 척추마취제는 투약량에 따라 어느 정도 시간이 지나면 효과가 사라지는데, 당시 분만 전에 효과가 사라졌다. 두어 시간은 진통에서 잠시 숨을 돌릴 수 있었지만, 자궁수축의 통증과 분만의 혹독한 고통을 몇 시간 동안이나 그대로 느껴야 했다.

자신의 몸 밖으로 한 인간을 밀어내다가 생식기에 있는

근육과 피부가 찢어졌을 때 느끼는 산후통증을 관리하려는 노력은 처음부터 끝까지 이부프로펜* 병을 따는 게 전부다(그나마도 모유에 약이 침투할까 봐 많이 의지하지도 못한다).

많은 사람이 임신을 아무런 위험이 없는 모험처럼 묘사하곤 하지만, 임신과 출산은 산모의 목숨을 앗아갈 수도 있다. 과거 수 세기 동안 출산 중에 사망하는 일은 지금보다 비일비재했고, 감사하게도 인류는 출산을 더 안전하게 만드는 데 큰 진전을 이루었다. 그럼에도 여전히 출산은 근본적으로 위험하다. 다음의 몇 가지 통계가 이를 보여준다.

☛ 미국에서 임신과 출산 중에 사망할 확률은 차를 몰다가 교통사고로 사망할 확률보다 약 1.5배 높다(매년 10만 명의 임신부 중 17.4명이 사망하고[14] 운전자 10만 명 중 11.7명이 사망한다)[15].

☛ 세계적으로 모성 사망률은 하락하고 있지만 미국은 증가하는 추세로, 지난 30년 동안 두 배 이상 늘어났다.[16] 특히 흑인 여성의 사망률이 두드러지게 높다. 임신과 출산은 흑인 여성에게 더 위험하다.[17]

☛ 전 세계에서 임신과 출산에 관련된 원인으로 **매일** 800명이 목숨을 잃는다.[18]

---

*　주로 발열과 염증으로 인한 통증을 완화하기 위한 진통제의 성분으로, 약국에서 흔히 구입할 수 있다.

☛ 미국에서 임신과 출산에 관련된 원인으로 **매년** 700~900명의 여성이 목숨을 잃는다.[19]

☛ 사망에 이르지는 않아도 출혈, 장기부전, 그 외 중대한 합병증에 시달리는 여성의 수는 약 4만 9,000~6만 3,000명으로 목숨을 잃는 수의 약 70배에 달한다.[20]

☛ 세계에서 가장 부유한 나라인 미국[21]은 모성 사망률이 세계에서 56번째다. 산업화된 나라 중에서는 꼴찌다.[22]

☛ 미국에서 임신부 사망의 주요 원인은 살인인데, 범인은 주로 친밀한 파트너다.

출산은 위험하다. 어쩌면 가장 위험한 일이다. 우리는 가장 위험한 일을 하는 직업으로 소방수와 경찰 같은 남자가 대다수인 직업을 꼽는 경향이 있다.

하지만 이 지레짐작은 틀렸다. 앞서 언급했듯 미국에서 임신부 사망률은 10만 명당 17.4명이다. 경찰의 근무 중 사망률은 10만 명당 13.5명이다. 이는 임신부가 임신 때문에 사망할 확률이 경찰이 근무 중에 사망할 확률보다 높다는 뜻이다.[23]

임신과 출산은 다른 일보다 더 위험하기만 한 게 아니다. 여성의 86퍼센트가 이 위험한 일을 한다. 그리고 대부분 한 번 이상 한다.[24] 인류의 미래는 대다수 여성이 이 믿을 수 없이 힘들고 위험한 일을 기꺼이 할 것이라는 가정을 전제로 성립한다.

우리는 이 정도로 위험한 어떤 일을 남자의 86퍼센트가 기꺼이 맡을 거라고 가정하지 않는다. 그렇다면 우리는 위험에 대한 사회적 인식을 재고할 필요가 있다. 위험한 일을 하는 사람 중에서 누가 제일 용감한지 꼽아보라고 하면 아마 사람들은 응급구조대나 소방관, 암벽등반가나 스카이다이버라고 대답할 것이다. 임신부를 언급하는 사람은 아마 없지 않을까.

생리통 모의실험장치를 사용한 남자들이 느껴지는 통증에 어쩔 줄 몰라 한다는 사실은 널리 알려져 있다.[25] 남자들은 남성용 피임약의 부작용도 받아들이려 하지 않는다. 하지만 여자들에게는 신체적 손상을 수반하고 심지어는 죽음에 이를 수 있는 임신을 군말 없이 겪어내기를 기대한다. 만일 성관계가 여성에게 위험한 것과 같은 정도로 남성에게도 위험하다면(원치 않는 임신은 사회적 지위의 상실, 경력 단절, 학업 지연, 신체적 장애, 죽음, 다른 인간을 끝까지 책임져야 하는 상황으로 귀결된다) 남자들은 이 문제에 대해 자신이 선택권을 가져야 한다고 목소리를 높일 것이다.

임신은 위험하다. 이 사실을 인정하지 않고서는 원치 않는 임신이나 임신중단을 놓고 유의미한 토론을 할 수 없다.

그러면 어째서 임신과 출산의 위험이 공개적으로 이야기되지 않을까? 어째서 임신으로 인한 위험은 상식이 아닐까? 내가 떠올릴 수 있는 이유는 두 가지다.

첫째, 왜 그런지 도무지 모르겠으나 여자들이 임신과 출산이 힘들었음을 인정하면 아이를 원치 않았다거나 아이를 사랑하지 않는다는 의미로 비쳐지곤 한다. 임신이 상대적으로 수월한 여자도 있고 그렇지 않은 여자도 있다. 각자의 경험과 무관하게 여자들은 임신이 즐거웠다고 말해야 한다는 압박감을 느낀다.

둘째, 인간이라는 종을 보호하려는 본능 같은 것이 작용한 결과일지도 모른다. 우리는 임신과 출산의 현실을 너무 가까이에서 들여다보지 않도록 진화해온 것이다. 사람들은 임신과 출산이 아주 끔찍할 수 있다는 말을 듣기 싫어한다. 그게 얼마나 힘든지, 당사자의 몸에 어떤 영구적 변화를 남기는지 정직하게 털어놓으면 임신을 기꺼이 감수하려는 여자들이 줄어들 것이기 때문이다.

임신과 출산에 대해 논의할 때는 다음을 기억하자. ①우리는 다른 사람이 떠맡았으면 하는 위험, 자신이 겪을 일 없는 위험을 하찮게 생각하는 경향이 있다. ②임신과 출산이 너무 흔한 사건이라서 이를 9개월 동안 감당해야 하는 (조금만 힘내면 해치울 수 있는) 소소한 불편으로 치부하기 쉽지만 그런 취급은 가당치 않다.

양육의 현실적인 난관과 부담은 측량이 불가능하다

양육 과정에서 맞닥뜨리는 난관은 한두 개가 아니어서 그것만으로 1,000쪽도 거뜬히 채울 수 있다. 여자들이 원치 않는 임신을 그냥 떠안아야 한다고 고집하는 사람들은 이런 과제들을 절대로 인정하지 않는다.

　건강하고 행복한 다음 세대를 양육하려면 막대한 노동이 필요하고 인간이 아무리 진보해도 엄마 역할은 점점 힘들어지기만 한다.

　페미니즘 물결이 그렇게 여러 차례 휩쓸고 지나갔는데도 미국에서 양육은 대부분 여성이 짊어진다. 엄마로 산다는 건 힘들다. 아무리 두 부모 가정이라 해도 여성의 70퍼센트가 자신이 가사 노동을 전적으로 또는 대부분 책임지고, 66퍼센트가 양육을 전적으로 또는 대부분 책임진다고 밝힌다[1](나는 가사 노동에 수반되는 정신·감정 노동을 담당하는 비율을 찾을 수가 없었지만 그 비율은 충분히 짐작하고도 남는다). 게다가 많은 여자가 혼자 자녀를 부양한다. 퓨 리서치 센터Pew Research Center에 따르면 유자녀 가구 가운데 어머니가 유일한 또는 주 부양자인 경우가 40퍼센트다.[2] 다행히 재정 지원을 받을 수 있는 상황이라 해도 돈은 아이를 키우면서 해결해야 할 산더미 같은 문제 중 하나에 불과하다.

배워야 하는 기술은 또 얼마나 많은지. 아이 목욕시키는 법, 기저귀 가는 법, 배변 훈련하는 법, 건강한 음식 준비하는 법. 해야 할 일은 왜 끝이 없는지. 식료품 장보기, 빨래, 정서적 욕구 충족시키기, 아이 교육, 아이에게 수면·음식·운동이 충분한지 확인하기. 일정을 꼬이게 만들고 경력을 단절시키는 상황들은 또 어떤가. 아이에게 필요한 숱한 서류를 챙기는 것도 벅차다. 출생증명서, 사회보장번호 신청, 병력 양식들, 백신 접종 기록, 학교 지원서, 사교모임 초대장, 모든 일이 원활하게 돌아가도록 지불해야 하는 청구서들… 서류 작업만 해도 끝이 없다.

사회는 어머니가 아이를 돌보는 동안 이런 다른 모든 일(허드렛일, 서류 작업, 저녁 준비, 가사 노동 등등)까지 해치울 거라고 여긴다. 하지만 아이를 보살피는 일은 그 자체로 진행형의 과제다. 아이를 돌보고 있는 여자는 '일을 마치는 것'을 기대할 수 없다. 아이를 돌보는 일은 **항상 진행되는 일**

이기 때문이다.

양육은 하루 24시간 해야 하는 일이다. 엄마 노릇에는 휴가도, 병가도, 월차도 없다. 죽을 때까지 은퇴도 못 한다.

원치 않는 임신을 이야기할 때 양육의 골치 아픈 현실은 나 몰라라 한다는 걸 보여주는 전형적인 실화가 있다.

어느 2월, 제이미 제프리스Jamie Jeffries라는 여자가 다른 여자에게 임신중단을 하지 않고 원치 않는 임신을 지속하도록 설득했다며 뿌듯해했다.[3] 결국 아기가 태어났고, 안타깝게도 6개월 뒤 아기의 안전을 위해 정부는 가족에게서 양육권을 박탈했다. 제이미가 이 사실을 알게 된 것은 아기 엄마가 제이미를 이 아기의 "선호 보호자" 목록에 포함시켰기 때문이었다.

제이미는 누군가가 자신이 아기를 돌볼 수 있다고 생각했다는 사실에 충격을 받았고 어이가 없었다. 제이미는 이렇게 반응했다. "안 돼. 못해 못해 못해 못해 못해 못해 못해 못해 못한다고! 아이를 키우는 건 무리야. 6개월짜리 애라니 난 끝장날 거야. 내 결혼생활, 몸, 건강 다 박살난다고. 난 못해!!"

여자들이 애당초 원치 않는 임신을 중단하려는 합당한 이유가 바로 이런 것들이다. 엄마 노릇은 힘들다. 내가 맡을 생각도 없으면서 다른 사람에게 하라고 요구해서는 안 된다.

특히 미국은 엄마로 살아가기가 힘든 곳이다. 의료서비스가 비싸고 접근도 쉽지 않다.[4] 유급휴가도 없다.[5] 공립학교 같은 공적 인프라도 엉망이다.[6] 문제가 발생했을 때 사회안전망에 의지하기도 힘들다.[7] 관련된 정책을 개선하려는 모든 시도는 저항에 부딪힌다. 대신 사회는 여자들이 조금만 더 열심히 노력하면, 잠을 포기하고 일자리를 하나 더 구하고 더 큰 이익을 위해 희생을 감수하면, 그러면서도 끝내주는 외모를 유지하기만 하면 만사형통이라는 메시지를 주입한다.

물론 양육에 상당한 시간, 에너지, 자원을 쏟아붓는 아버지와 그 외 제2 양육자들도 있다. 하지만 양육 노동의 양은 측량이 불가능하다.

양육에 필요한 **모든** 일과 금전적 비용을 하나도 빠짐없이 목록으로 만들면 공책 열 권을 채우고도 남을 것이다. 하지만 그렇게 해도 부모가 된다는 것, 완전히 독립된 한 인간을 책임진다는 것이 어떤 의미인지 포착하지는 못하리라. 내가 이를 반복해서 강조하는 것은 맞는 말이기 때문이다. 부모가 된다는 것의 실존적·감정적 부담은 **측량 불가능하다**.

임신이
처벌이 되어서는
안 된다

임신중단에 반대하는 사람들은 임신이 출산을 위해서가 아니라 쾌락을 위해 성관계를 하는 여자에게 내려진 벌이라는 주장을 자주 내세운다.[1] 여기에는 임신한 여자가 임신중단을 하면 '받아야 할 처벌을 받지 않는' 것이라는 인식이 전제되어 있다.

여자는 엄마가 되어야 하고, 임신을 원치 않는 여자도 출산을 감수해야 하고, 일생의 양육 책임은 성관계를 한 여자가 감당해야 마땅한 '결과' 또는 '처벌'이라는 논리는 제정신이라고 보기 힘들다.

임신중단을 하는 여자의 약 60퍼센트가 이미 자녀를 두고 있다.[2] 만일 아기를 낳아서 기르는 것이 '처벌'이라 해도 이들은 이미 벌을 받는 중이다. 하지만 어떤 아이도 처벌

수단으로 존재해서는 안 된다! 모든 아이는 기다림과 설렘의 대상이어야 한다.[3]

기다림의 대상일 때 그 아이는 무탈하게 자랄 수 있다. 게다가 관련 연구에 따르면 원치 않는 임신으로 태어난 아이들의 상황은 좋지 않은 경우가 많다. 원치 않는 임신으로 태어난 아이들은 어머니와 애착 관계를 형성하지 못하고, 인지와 정서 발달이 늦고, 가정폭력을 경험할 확률이 더 높다.[4]

게다가 임신이 처벌이라는 건 말이 안 된다. 여자의 몸은 수정과 출생 사이에 40~60퍼센트의 배아를 자발적으로 중도하차시킨다. 임신 20주 전에 일어나면 이를 유산이라고 하고 20주 뒤에 일어나면 사산이라고 한다.[5] 만일 남자가 여자를 임신시켰는데 여자의 몸이 유산을 한다면 어떻게 되는 건가? 여자는 처벌을 끝까지 받기 위해서 다시 임신을 해야 하나?

임신이 처벌이라는 생각은 얼토당토않다.

입양은
임신중단의
대안이 아니다

이런 사실들로 이야기를 시작해보자. 입양을 통해 자식의 친권을 포기할 생각이 있는 사람들 대다수는 임신중단을 **전혀 진지하게 고려하지 않는다.**[1] 임신중단에 접근할 수 없는 사람들의 91퍼센트는 입양을 선택할 생각이 없다.[2] 오늘날 임신중단을 거부당한 사람들이 입양을 선택하는 비율은 임신중단 합법화 이전의 비율과 다르지 않다.[3]

사람들은 묻는다. "임신중단을 선택하는 대신 입양을 생각해본 적은 없어?" 마치 이 두 가지가 비교 가능한 선택지라는 것처럼. 하지만 위 통계를 근거로 했을 때 임신한 사람들은 두 가지가 서로 무관하다고, 각각이 서로의 대안이 될 수 없다고 생각한다.

입양은 임신중단의 '손쉬운 해법'으로 제시된다. "임신을 했는데 아기를 낳고 싶지 않다고? 그냥 눈 딱 감고 아홉 달만 견뎌. 출산으로 초주검이 되고 나면 아이를 '포기'하고 입양 가정에 넘겨주는 영웅적인 행위를 순탄하게 할 수 있어. 입양 기관이 다 알아서 할 테니 너나 아이는 골치 아플 일이 없어. 네가 아이를 넘겨주고 나면 너도 깨끗해지고 아이도 깨끗해져. 두 사람 모두에게 좋은 거지."

이런 서사에 얼마나 결함이 많은지는 이미 속속들이 밝혀졌다. 입양은 깨끗한 신분 세탁 과정 같은 게 아니다. 관심을 갖고 찾아보기만 하면 아이와 생모에게 평생 부정적인 영향[4]을 미칠 수 있는 '입양 산업'의 폭넓은 문제들(부패, 트라우마, 인간밀매 등)이 아주 잘 기록되어 있음을 알 수 있다.[5]

그런데도 미국에서 입양은 정치적 색깔을 떠나서 한목소리로 지지하는 사안이다. 사실상 모든 미디어가 입양을 상냥함과 애정이 넘치는 행위로 묘사한다. 우리가 이런 서사에 굳이 반발하지 않는 것은 입양을 사회적으로 이로운 행위라고 생각하는 게 마음이 편하기 때문이다. 모두가 연루된 힘든 현실을 직시하는 건 쉬운 일이 아니다. 모두가 연루되었다는 것은 모두의 삶이 입양과 닿아 있다는 뜻이다.[6]

잘 이야기되지 않지만 임신부들이 입양에 관심이 없는 가장 큰 이유는 아이를 포기하는 것이 대단히 큰 트라우마를 남길 수 있기 때문이다. 앤 페슬러Ann Fessler의 책 《사라

진 소녀들: 로 대 웨이드 판결 이전에 아이를 입양시켜야 했던 여자들의 숨겨진 역사The Girls Who Went away: The Hidden History of Women Who Surrendered Children for Adoption in the Decades Before Roe v. Wade》에서 여자들은 강압 때문에 내어줘야 했던 아기를 걱정하지 않은 날이 없었고, 누구도 이를 겪으면서 안도감을 느꼈다고 말하지 않았다. 아기를 한번 내어준 뒤에 임신중단을 했던 한 여자는 임신중단 트라우마가 아기를 내어주는 트라우마와 비슷하게 고통스럽다고 주장하는 사람들은 자신이 하는 말이 무슨 소린지 쥐뿔도 모른다고 토로했다.

아기를 포기하는 것은 엄마에게만 트라우마를 남기는 게 아니다. 입양이 아이에게 평생 트라우마를 남긴다는 것을 보여주는 연구가 점점 늘어나고 있다.[7] 미국의 입양인 대부분이 출생증명서 원본을 가지고 있지 않다는 사실만 봐도 뻔하다. 합법적인 입양은 아기의 출생증명서를 바꿔놓고 법적으로 아기를 원가족과 단절시킨다.[8] 아기를 생모하고만 단절시키는 게 아니라 생부·이모와 고모·양측의 삼촌·조부모·사촌과, 가계도 전체를 비롯해 유전적 연결고리들과 송두리째 단절시킨다.

어릴 때 입양된 성인들은 입양 트라우마에 대한 인식을 확산하는 운동을 만들었다.[9] 어떤 사람은 성인이 될 때까지 자신이 입양인이라는 사실을 알지 못했다. 이 경우 사실을 알게 되었을 때 존재의 근간이 흔들린다. 어떤 사람은 완전히 다른 문화권에서 입양되어 원래 문화에 대해 배울 기회를 차단당했다. 그 결과 어느 문화에도 적응하지 못하는 느낌에 시달렸다. 자신이 입양되었다는 사실을 아는 어떤 사람은 데이트 상대가 자신과 겹치는 DNA를 가지고 있을까 봐 두려워한다. 원가족의 병력과 그들에게 어떤 의학적인 문제가 있는지 알지 못한다는 사실에 불안을 느끼는 사람도 있다. 어떤 사람은 성인이 되어 DNA 검사를 해보고 나서야 자신에게 부모가 모두 같거나 한쪽만 같은 형제자매가 있음을 알게 되어 이상한 기분에 휩싸인다.

입양이 항상 우리가 소비하는 동화적 결말로 막을 내린다고 생각한다면 오산이다. 절대 가볍게 생각할 일이 아니다. 가능하다면 아기가 원부모와 관계를 유지하도록 총력을 기울이는 것이 우선이다. 입양을 원치 않는 임신의 손쉬운 해결책으로 여겨서는 안 된다.

무책임하게
사정한 남자들은
아무런 뒤탈이
없다

무책임하게 사정해서 원치 않는 임신을 유발한 남자는 아무런 뒤탈이 없다. 언제든 도망칠 수 있고, 사회는 그에게 책임을 물려고 별로(혹은 전혀?) 애쓰지도 않는다.

　만일 여자가 원치 않는 임신에 대한 대비책을 마련하고 싶다면 이를 알아보고 (자신의 돈을 헐거나 다른 사람에게 돈을 부탁해서) 비용을 지불하는 건 여자의 몫이다.

　여자가 임신중단을 결정하더라도 남자는 자신이 무책임하게 사정해서 원치 않는 임신을 유발했다는 사실을 전혀 모를 수도 있다. 임신중단 예약을 잡고 그 비용을 대는 것도 역시 여자의 몫이다(이때도 자신의 돈을 헐거나 다른 사람에게 돈을 빌려야 한다. 게다가 이 여자가 임신중단이 합법인 주로 혼자 갈 수 있다는 가정하에서나 가능하다).[1]

만일 여자가 아기를 낳되 남자에게는 이야기하지 않기로 결심하거나 아기를 입양 보내면 남자는 DNA의 절반을 자신에게 물려받은 아이가 세상에 태어나 돌아다니고 있다는 사실을 전혀 모를 수도 있다.

만일 여자가 남자에게 너 때문에 원치 않는 임신을 하게 되었고 자신이 그 아이를 키울 거라고 이야기할 경우 남자에게 있을 수 있는 그나마의 뒤탈은 아이의 양육비를 **대야 할 수도** 있다는 것이다.[2] 하지만 지금의 자녀 양육비 관련 법체계는 어처구니없기로 악명이 높다.[3]

양육비 채무자의 85퍼센트가 남자인데,[4] 양육비 전액을 받는 양육자는 43.5퍼센트에 불과하다.* 매년 납부되지 않는 양육비는 100억 달러로 추산된다.[5] 남자가 양육비를 내지 않을 경우 이론상 여자는 법적 청구권을 가지고 남자에게 양육비를 내라고 강제할 수 있다. 하지만 한 번 더 강조하자면 법체계상 너무 힘든 일이다.[6] 아버지가 누구인지를 입증하는 비용, 변호사 비용, 법정에서 양육비 분쟁을 하는 비용 모두 어머니의 몫이다.[7]**

* 한국의 경우 2018년 기준 양육비 채무자의 85.9퍼센트가 남성이고, 2021년을 기준으로 양육비를 한 번도 지급받은 적이 없는 이혼·비혼 부모가 72.1퍼센트에 달하며 양육비를 전액 지급받은 경우는 4.6퍼센트에 불과하다.

** 한국에서는 무상으로 양육비 이행 관리원의 도움을 받을 수 있으나 양육비 이행 관리원은 비양육자가 동의하지 않으면 소득·재산·금융 정보를 파악할 권리는 없다. 2015~2023년에 소득·재산 조사에 동의한 비율은 4.1%에 불과하다.

이런 법적 다툼은 이제 막 아이를 낳은 사람에게는 말도 안 되게 힘든 일이라는 걸 기억하자. 아이를 먹이고 보살피는 것만으로도 진이 빠진다. 그런데 여자가 시간과 돈을 들여 수년간 법적 분쟁을 하더라도 양육비 전액을 받아내는 경우는 드물다. 어찌어찌 돈을 받아낸다 해도 양육비 요구액은 평균 월 400달러다.* 육아의 시간적·감정적·육체적 비용은 고사하고 아이의 기본적인 의식주 비용과 교육비에도 터무니없이 못 미친다.[8]

사회는 남자들이 자신의 행동으로 뒤탈이 생기는 일이 없도록 보호해준다. 지금의 법과 정책은 자신이 유발한 임신을 나 몰라라 하는 남자를 싸고도느라 정신이 없다.

이 문제에 관해 대화를 나눴던 오랜 경력의 사회복지사는 남자들이 자신의 사정에 책임을 지지 않아도 뒤탈이 없는 이유 여덟 가지를 열거했다.

1. 아버지가 법원의 명령이 없어도 양육비를 내도록 강제하는 법이 전무하다. 양육비는 자동적으로 청구되지 않는다.[9]
2. 많은 주에서 양육비를 내지 않아도 신용점수에 타격을 입지 않는다.[10]

---

* 한국에서는 2021년을 기준으로 법적 양육비 채권이 있는 경우 양육비를 평균 62만 원 지급받았다. 그러나 법적 양육비 채권이 있는 비율은 20.2퍼센트에 불과하며, 법적 양육비 채권이 없는 경우 양육비를 정기적으로 지급받은 비율은 2.6퍼센트에 그쳤다.

3. 남자는 여자를 임신시켰다는 이유로 직장에서 해고당하지 않는다.

4. 남자들은 임신이나 아이 관련 의료비를 청구당하지 않는다. (최소한 두 개 주에서는 임신 관련 의료비의 최소 50퍼센트를 아이 아버지에게 지불하도록 법적으로 요구할 수 있다. 하지만 아이 어머니가 미적대는 아이 아버지로부터 온갖 서류작업을 감당하고 주 정부의 관련 기관을 상대해가면서 굳이 이 돈을 받으려고 법적 분쟁을 감행할 것 같은가?)[11]

5. 남자는 임신 합병증이나 출산 때문에 몇 주 또는 몇 달씩 무급 휴직을 할 필요가 없다.

6. 남자는 여자를 임신시켰다고 해서 임금이 한 푼도 깎이지 않는다.

7. 남자는 아이가 사망해도 장례비를 댈 필요가 없다.[12] (최소한 두 개 주는 장례비 부담 책임이 부모 양측에 있다고 본다.)

8. 남자가 어느 시점에든 내빼기로 작정할 경우(아이가 태어나기 전이든 후든) 아이를 버린 데 따르는 사회적 뒤탈이 전혀 없다.[13]

나 몰라라 한다고 해도 거의 또는 전혀 걱정이 없다. 그래서 많은 남자가 무책임한 사정으로 원치 않는 임신을 유발해놓고도 아무런 생각 없이 다시 그런 짓을 하고 다니는 것이다. 임신중단이라는 주제가 거론되면 남자들은 이렇게 생각할지 모른다. **임신중단은 아무래도 속이 편치 않아. 여자들이 임신중단을 선택해서는 안 돼.** 그 원치 않는 임신을 유발한 남자는 전혀 고려하지 않는다.

덧붙이는 말 1

자기 자식을 버린 남자에게도 상당한 사회적 뒤탈이 따른다고
주장할 수도 있다. 욕을 먹고 사회적으로 매장당할 수 있다고
말이다. 하지만 남자가 자식을 버렸는지는 자기가 (또는 그의 과
거를 아는 누군가가) 털어놓기 전에는 알 길이 없다.

덧붙이는 말 2

원치 않는 임신을 유발한 남자에게 실질적이고 직접적인 뒤탈
이 존재한다면 그건 어떤 형태일까? 어떻게 책임을 져야 합리
적일까? 금전적 책임? 권리나 자유의 상실? 여자들이 아홉 달
동안 원치 않는 임신을 견디는 것만큼이나 가혹하고 고통스럽
고 메스껍고 흉터가 남고 돈이 많이 들고 위험하고 목숨이 위
태로운 것이어야 할까?

원치 않은 임신이나 임신중단과 관련해 여자의 몸이 아니라
남자의 몸을 규제하는 법이 제정된다고 해보자. 사춘기가 시작
되면 미국의 모든 남자가 의무적으로 정자를 정자은행에 보관
한 뒤 정관절제술을 받는 것이다. 책임감 있는 성인으로 성장
한 남자가 자신의 짝을 만나 아이를 갖고 싶으면 정자은행에
보관했던 정자를 사용하거나 필요하면 복원 시술을 받고 여자

가 출산하면 다시 원상태로 되돌리는 거다. 그러면 원치 않는 임신을 근절할 수 있으니 진지하게 임신중단이 감소하길 바라는 사람이라면 두 팔 벌려 환영할 것이다.

혹시 남자가 신체적 부담을 져야 한다는 사실을 받아들이기가 불편한가? 하지만 우리는 여자들이 감당하는 신체적 부담에는 훨씬 무감각하지 않은가? 아무래도 이 문제는 우리가 사회적으로 함께 고민해야 할 숙제다.

정자는 위험하다

정자는 고통과 일생일대의 혼란, 심지어 죽음까지 유발할 수 있는 위험한 체액으로 간주되어야 한다. 정자는 사람을 만들어낼 수 있는 동시에 사람의 목숨을 빼앗을 수 있다. 정자는 임신을 유발하고, 임신과 출산은 여자의 심신 건강뿐 아니라 사회적 지위, 경력, 재정 상태에 부정적인 영향을 미칠 수 있다.

정자를 여자의 몸 안에서 사정하려는 남자는 정자가 그 여자에게 어떤 영향을 미칠 수 있는지 뚜렷하게 인식하고 이를 고려해 행동해야 한다. 그러니까 책임감 있게 행동하라는 것이다. 성관계를 할 때마다 항상 그래야 한다. 그러지 않으면 무지막지한 결과를 초래할 수 있다.

남자는 다음 이유에서 자신의 몸과 체액을 각별하게 책

임져야 한다.

1. 남자는 언제나 생식 가능하다. 오늘 생식 가능한 상태인지 따져볼 필요가 없다. 항상 가능하니까. 남자는 항시 장전된 총과 같다.
2. 남자는 단순한 생리적 특징 때문에 임신을 예방할 수도, 유발할 수도 있는 최상의 상태에 놓여 있다.
3. 콘돔과 정관절제술은 여자들이 할 수 있는 어떤 피임법보다 쉽고 저렴하고 안전하고 간단하고 편리하다.

우리는 남자들에게 생식 능력을 책임진다는 것이 어떤 의미인지 가르쳐야 한다. 남자는 하루도 빠짐없이 생식 가능한 상태라는 사실을 각인시켜야 한다.

남자들은 결코 장난감이 아닌 위험한 무기를 가지고 돌아다니는 중이다. 정자를 어떻게 다루는가에 따라 생사가 갈린다. 중대한 사실을 가볍게 여기는 바람에 남자도 여자도 심각한 난관에 봉착한 것이다.

남자들은
자신의 몸과
성욕을 생각보다
잘 제어할 수 있다

인정한다. 여자인 나는 남자의 성욕을 몸으로 느껴본 적이 없다. (질 안에 정자를 사정하는 것과는 아무런 관련이 없는) 여자의 성욕과 비교할 수 있을 뿐이다. 나는 여자의 성욕이 강하다는 걸 알고 있지만 어떤 사람들은 남자의 성욕이 훨씬 강하다고 말한다. 여자의 성욕을 남자의 성욕과 어떻게 비교하면 좋을까? 글쎄, 사실 알 수 없다.

가부장제 사회 바깥에서 여자를 양육하는 실험은 불가능하다.[1] 여자에게 여자의 성욕은 남자의 성욕보다 훨씬 약하다는 말을, 여자는 성관계를 별로 좋아하지는 않는다는 말을, 여자는 남자의 자존감을 세워주기 위해 성관계를 하는 동안 오르가슴을 느끼는 시늉을 하는 게 '정상'이고 성관계를 하는 동안 여자가 쾌락을 느끼는지는 중요한 문제가 아니라는 말을 귀에 딱지가 앉도록 떠들어대지 않는 그런 세상에서 말이다.

나는 남자의 성욕이 어느 정도인지는 알지 못하지만 다른 육체적 욕구라면 잘 안다. 모든 인간이 경험하고 남녀 모두의 성욕보다 훨씬 훨씬 강력한 욕구인 배설 욕구 말이다. 배설 욕구는 워낙 강력해서 아무리 모른 척하려 해도 내 몸은 그 욕구에 사로잡혀 끌려다닌다.

모든 인간이 배설 욕구를 지녔지만 그걸 제어하는 법을 배웠다. 우린 아무 데서나 오줌을 싸지 않는다. 화장실에서 싼다. 화장실에 도착할 때까지는 참는다. 일과 중에 화장실에 다녀올 짬을 만든다.

남자들에게 성욕을 통제하라는 기대, 남자들에게 자신의 체액을 책임지라는 기대, 남자들에게 책임감 있게 사정하라는 기대는 지나친 요구가 아니다.

남자들은
임신중단을
손쉽게 예방할 수
있으면서도
그렇게 하지
않는 쪽을 택한다

대부분의 임신중단은 원치 않는 임신 때문이며 선택의 결과이다. 하지만 **원하던** 임신인데도 임신중단을 해야 하는 경우도 있고, 이는 늘 가슴 아프다. 태아가 자궁 안에서 죽거나 생명을 유지하기 어려운 의학적 문제가 있거나 임신부의 몸에 임신을 더는 유지하기 어려운 의학적 문제가 있는 상황이기 때문이다.[1] 다시 한 번 말하지만 이는 안타까운 상황이고, 다행히도 전체 임신중단 가운데 극히 일부에 불과하다.[2]

이 사실을 짚는 이유는 남자들이 책임감 있게 사정하기만 해도 사실상 모든 임신중단에 해당하는 선택에 의한 임신중단을 쉽게 막을 수 있기 때문이다.

정부를 운영하는 건 주로 남자들이다. 법을 만드는 것도 주로 남자들이다. 근 50년간 많은 남자가 임신중단을 줄이고 싶다고 주장하면서 로 대 웨이드 판결을 어떻게 뒤집을지에만 골몰했다. 그러다가 2022년 6월, 역시 주로 남자들로 이루어진 대법원이 로 대 웨이드 판결을 뒤집었다.[3]

50년간의 노력이 맺은 결실이다. 그런데 생각해보면 이상하다. 남자들이 정말로 임신중단을 줄이는 데 관심이 있었다면 50년이나 걸릴 일이 아니었기 때문이다. 어떤 시점에든 남자들은 임신중단 관련 법은 건드리지도 않고, 여자의 몸을 법으로 옭아매지도 않고, 심지어는 여자를 언급하지도 않고 아주 짧은 시간 안에(고작 몇 주 정도면 된다) 선택에 의한 임신중단을 뿌리 뽑을 수 있었다. 남자들이 책임감 있게 사정하기만 하면 모든 게 해결되니까.

그런데 남자들은 그렇게 하지 않는 쪽을 선택했다.

지금도 남자들은 그 선택을 이어가고 있다.

no. 27

우리는 어떻게
해야 하는지
알고 있다

이게 당신의 목표인지는 모르겠지만 만일 당신이 임신중단이 합법인 주든 불법인 주든 이 나라에서 임신중단을 줄이고자 한다면 당신에게 아주 반가운 소식이 있다. 우리는 어떻게 해야 하는지 알고 있다. 우리에겐 임신중단을 감소시키는 방법에 관한 훌륭한 데이터가 있고, 그건 비현실적인 마법이 아니다.

우리가 알고 있는 방법 중에서 임신중단을 줄이는 가장 효과적이고 입증된 방법은 손쉽게 실천할 수 있는 무료 피임이다.[1] 예방은 언제나 치료보다 낫다.

피임을 저렴하게 또는 무료로, 원하기만 하면 누구나 쉽게 할 수 있는 나라에서는 원치 않는 임신율이 훨씬 낮다. 사실 오늘날 미국의 원치 않는 임신율은 다른 서구국가의

평균보다 21퍼센트나 높다.[2]

무료 피임은 다른 나라에서는 우연히 효과가 있고 미국에서는 효과가 없는 방법이 아니다. 미국에서도 시도한 곳이 있고 실제로 효과가 있었다. 콜로라도주는 돈 들이지 않고 쉽게 피임할 수 있는 정책을 만들었다. 결과가 어땠을까? 임신중단율이 거의 절반으로 줄어들었다.[3] 세인트루이스시에서도 훌륭한 결과를 낳은 유사한 정책을 실시했다. 이런 정책은 덤으로 수백만 달러를 절약해준다. 콜로라도주 보건부는 피임 정책에 1달러를 썼을 때 메디케이드medicaid* 지출을 5.85달러 줄일 수 있었다고 보고했다.[4]

쉽게 접근할 수 있는 무료 피임 외에 임신중단을 감소시키는 효과적인 방법으로는 양질의 성교육이 있다. 10대 임신율이 미국의 4분의 1도 안 되는 네덜란드가 이를 입증하는 사례다.[5] 네덜란드는 10대 성병 감염률도 대단히 낮다.[6]

네덜란드에서 10대 임신율과 성병 감염률이 낮은 가장 큰 이유는 모든 학생이 포괄적인 성교육을 의무적으로 받기 때문이다. 아이들은 매 학년 나이에 맞는 성교육을 받는다. 이들은 의학적으로 정확한 정보를 전달받은 뒤 질문을 하고 정직한 대답을 들을 수 있다.[7]

---

* 1965년 케네디 대통령이 도입한 미국의 공공의료보험으로, 재정은 연방정부와 주정부가 공동으로 지원하고 운영은 주에서 맡는다

미국에서는 성교육에 대한 접근 방식이 주마다 다르며 네덜란드와 같은 성교육이 이루어지지도 않는다.[8] 어떤 주는 성교육을 실시하지만 금욕에 방점을 둔다.[9] 어떤 주는 성교육을 실시하지만 내용은 특정 정보로만 제한하고 교사들은 승인된 커리큘럼에 해당하는 질문에만 답할 수 있다.[10] 그리고 11개 주에서는 성교육이 의무가 아니다.

임신중단을 줄이는 방법에 관한 데이터가 존재하고 어떤 방법이 효과적인지 분명하게 알 수 있다니 얼마나 다행인가. 게다가 무책임한 사정을 원치 않는 임신의 **둘도 없는 원인**으로 심각하게 인식하지 않는 곳에서도 이런 노력(무료 피임, 양질의 성교육)이 이루어졌다니 대단히 희망적이다.

책임감 있게 사정하는 문화에 손쉽게 접근할 수 있는 무료 피임과 철저한 성교육이 더해지면 우리는 원치 않는 임신을 제로에 가깝게 줄일 수 있을 것이다.

덧붙이는 말 1

어떤 사람은 이제 로 대 웨이드 판결이 뒤집혔으니 미국에서 임신중단이 사라진다고 생각할지 모른다. 하지만 이를 뒷받침할 데이터는 전무하다. 연구에 따르면 임신중단을 전적으로 금지하는 나라에서 원치 않는 임신의 최대 68퍼센트는 아직도

중지된다.[11]

로 대 웨이드 판결이 뒤집혔다고 해서 임신중단이 전면적으로 금지된 것은 아니며, 미국에서 인구가 제일 많은 일부 주에서는 여전히 임신중단을 허용한다. 따라서 미국의 경우 68퍼센트를 훨씬 웃돌 거라고 예상할 수 있다.[12] 전문가들은 연방 우편 체계를 통해 임신중단 약을 배송받을 수 있기 때문에 임신중단이 금지된 주라 해도 가정에서 꾸준히 임신중단이 이루어질 것으로 보고 있다.[13]

임신중단의 법적 금지가 임신중단을 감소시키는 데 실질적인 효과가 없다는 사실은 이미 밝혀졌다. 초점을 원치 않는 임신을 예방하는 쪽으로 옮기는 것이 임신중단을 감소시키는 훨씬 합리적이고 효과적인 방법이다.

이렇게
행동하자

바꿔야 한다. 여성의 목숨이 말 그대로 여기에 달렸다. 로대 웨이드 판결이 뒤집혔다. 원치 않는 임신을 강제로 이어가는 것은 미국 여성에겐 더 이상 가상의 시나리오가 아니다. 지금 당장 담론을 바꿔야 한다. 원치 않는 임신을 줄이는 데 총력을 기울일 수 있는 실질적인 대안이 필요하다.

나는 수년간 숱한 사람들과 이 책에 나오는 주장들을 놓고 이야기를 나눴다. 내가 목격한 반응들을 근거로 판단했을 때 나는 사람들이 변하고 담론이 바뀔 수 있음을 안다. 그것도 빠르게, 근본적으로 말이다. 이런 정보는 많은 이에게 낯설고 이 때문에 반발이 일기도 한다. 하지만 다수는 그걸 새롭고 더 나은 지식으로 받아들이고 이후의 성적인 교류에서 좀 더 책임감 있는 태도를 갖는다.

지금의 그 자리에서 시작하자

남자들이여, 당신부터 책임감 있게 사정하라. 그리고 모든 남자가 책임감 있게 사정하기를 기대하는 문화를 조성하는 데 힘쓰라.

성관계를 할 때마다 반드시 콘돔을 사용하라. 당신과 파트너에게 딱 맞는 콘돔을 찾을 때까지, 콘돔을 사용해도 이물감이 들지 않을 때까지 실험하라. 애정하는 콘돔을 침실 서랍에 채워두라. 자동차 글로브 박스나 가방에도 넣어두라. 당신 파트너의 집에도 비치해 두라.

딱 맞는 콘돔과 윤활 방법을 알아내면 다른 사람들과도 공유하라.

정관절제술을 예약하라. 만일 나중에 되돌리지 못할까 봐 불안하다면 먼저 정자를 정자은행에 보관하라.

이미 정관절제술을 받았다면 다른 남자와 여자들에게 그게 얼마나 좋은지, 성적인 만남을 짓누르는 거대한 스트레스를 어떻게 덜어주는지를 공개적으로 이야기하라.

만일 누군가가 콘돔이나 정관절제술에 관해 부정적인 농담이나 이야기를 하면 이렇게 말하라.

하지만 사실 콘돔은 끝내줘. 훨씬 안전하잖아. 나는 성병도 싫고 누굴 임신시키고 싶지도 않아.

그 정도 농담을 할 수 있는 건 이해해. 하지만 난 서로 아이를 갖겠다고 완전히 동의하지 않은 상황에서는 절대, 절대, 절대 콘돔 없는 성관계는 하지 않을 거야.

난 정확한 콘돔 사용법을 익힌 다음에는 한 번도 아쉬운 적 없었는데. 콘돔을 끼면 성관계가 재미없어진다는 건 사실 별 근거 없는 소리야.

담론을 바꾸자

책임감 있는 행동이 무엇인지 널리 알리고 공론화하면 "내가 콘돔을 써야 해?" 같은 질문이 멍청하게 느껴질 정도로 콘돔을 쓰는 것을 보편적인 규범으로 만들 수 있다. "내가 안전벨트를 매야 해?" 같은 질문이 어리석게 느껴지는 것처럼 말이다.

대화의 초점을 여자의 몸에서 남자의 몸으로 옮기는 것을 내켜 하지 않는 사람에게는 이렇게 말하라. "남자가 자기 행동을 책임져야 한다는 소리에 왜 그렇게 토를 다는지 이해가 안 돼. 무엇보다 그렇게 하면 원치 않는 임신을 크게 줄일 수 있는데 말이야."

사람들이 핵심적이고 실질적인 문제에서 옆길로 새려 하면 대화를 임신 예방과 무책임한 사정 쪽으로 되돌려라.

남자들과는 남자의 몸에 대한 대화를 회피하면서 여자들에게 여자의 몸에 대해 훈계하지 말라.

이런 대화는 미국에서도, 전 세계적으로도 여성의 몸에 관한 비생산적 토론에 머물러 있는 임신중단에 관한 논쟁을 원치 않는 임신을 예방하기 위해 남자들이 해야 할 일들에 관한 유익하고 실용적인 토론으로 바꿔놓을 수 있다.

사실에 근거한 성교육을 요구하자

성교육을 필수 과정으로 만드는 운동이 필요하다. 유치원부터 고등학교를 마칠 때까지 각 시기에 맞는 철저한 성교육을 시행하도록 요구해야 한다.

남자와 여자의 생식 능력의 차이와 이것이 원치 않는 임신을 예방하는 데 갖는 함의를 분명하게 설명하는 커리큘럼이 필요하다.

정자가 임신의 원인임을 명시하고 어떤 상황에서든 책임감 있게 사정할 것을 강조하는 커리큘럼이 필요하다.

남자들에게 콘돔을 제대로 사용하는 방법을 교육하고 콘돔을 사용하면 성관계가 즐겁지 않다는 편견을 불식시킬 커리큘럼이 필요하다.

건강하고 책임감 있는 행동·태도·대화를 널리 확산하여 남자라면 누구나 자신이 사정하는 위치를 신경 쓰는 문화를 조성해야 한다. 성교육을 통해 다른 곳은 대부분 괜찮지만 여자의 질에만은 사정해선 안 된다는 것을 아주 분명하게 못 박아야 한다.

남자와 여자가 사용할 수 있는 모든 형태의 피임법과 그것을 둘러싼 찬반양론, 그리고 인생의 여러 시기에서 가장 효과적인 선택지를 가르쳐야 한다.

피임과 성관계를 둘러싼 사회적 요구와 불평등한 권력 관계를 지적하고 허물어야 한다.

젊은이들에게 임신, 출산, 양육에 관한 모든 (좋은 쪽과 나쁜 쪽) 범주의 정보를 제공하여 이들이 알 만큼 아는 상태에서 선택하도록 해야 한다. 아무런 위험 없이 아이를 낳는 손쉬운 방법은 없음을 각인시켜야 한다.

피임에 더 손쉽게 접근할 수 있어야 한다

피임 확대 정책이 효과가 있다는 걸 안 이상 우리는 최대한 많은 사람이 피임을 활용할 수 있도록 노력해야 한다.

콘돔의 접근성을 지금보다 훨씬 높일 수 있다.

새로운 남성용 피임법 개발에 투자할 수도 있다. (열 번째 주장에서 언급한 남성용 피임법 연구 결과는 대단히 고무적이었다. 그 연장선상에서 다른 연구도 할 수 있지 않을까?)

더 많은 의사가 최신 정관절제술과 복원 시술을 수련하도록 압력을 가하여 지금보다 성공률을 끌어올릴 수도 있다.

이미 많은 나라에서 그렇듯 경구피임약을 처방전 없이 구입할 수 있도록 하고[1] 광범위한 피임법을 모든 주에서 무료로 제공하게 만드는 투쟁을 벌일 수도 있다.

자궁 내 피임장치를 삽입하고 제거할 때 통증을 미연에 방지하도록 정책을 개정하여 더 많은 사람이 자궁 내 피임장치를 매력적인 선택지로 여기게 할 수도 있다.

정치인들에게 책임을 묻자

정치인과 정치 단체들이 임신중단을 정치적으로 이용하지 못하게 막아야 한다. 여성에게 초점을 맞추거나 무용지물인 임신중단의 법적 금지를 찬양하는 이들의 행태가 모든 사람의 시간을 낭비하게 만든다는 점을 분명히 못 박자. 진정으로 이 나라에서 임신중단을 감소시키거나 뿌리 뽑을 생각이라면 원치 않는 임신을 어떻게 예방하고 남자들이 자기 행동을 어떻게 책임지게 할 계획인지 보여주어야 한다.

정치인 홈페이지의 모든 질의응답 페이지와 임신중단이 거론되는 모든 정치적 논쟁에서 이런 구체적인 질문을 던지자. "무책임한 사정을 예방하기 위한 당신의 계획은 무엇입니까?" "쉽게 접근할 수 있는 무료 피임 정책은 어떻게 마련할 생각인가요?" "정자가 얼마나 위험한지를 설명하는 성교육 프로그램은 어떻게 시행할 건가요?" "원치 않는 임신을 유발한 남자에게는 어떤 법적 조치를 취할 것인가요?"

임신중단을 정치적 도구로 이용하는 정치인의 위선을 폭로하자. 감정적인 호소로 논의의 핵심에서 벗어나도록 내버려두지 말자. 원치 않는 임신과 무책임한 사정을 감소시킨다고 입증된 실제적인 조치를 어떻게 취할 것인가라는 질문에 대답하도록 압력을 가하자.

이 책에 담긴 몇 가지 아이디어를 처음으로 사람들과 공유한 뒤로 임신중단에 관한 토론의 초점이 이동하기 시작했다. 사람들은 원치 않는 임신의 원인은 남자이고, 따라서 원치 않는 임신을 가장 손쉽게 예방할 수 있는 것도 남자라는 사실을 자각하고 받아들이기 시작했다. 임신중단에 초점을 맞춰봤자 소용없고 '헤픈 여자'를 탓하는 것이 터무니없고 위선적이라는 것을, 여성의 몸을 규율하고 통제하는 것이 비윤리적인 처사이며 단 하나에 초점을 맞추면 모든 문제를 해결할 수 있음을 이해하고 있다.

책임감 있게 사정하라, 이 하나면 충분하다는 걸.

덧붙이는 말

이 책을 읽어주신 여러분께 감사의 마음을 전합니다.

저는 이 책에서 많은 사실과 통계와 보도자료를 이용하고 있습니다. 이 내용들의 사실 관계를 확인하거나 더 많이 공부하기 위해 찾아보고 싶으시다면 당신은 운이 좋으시군요. 저한테 모든 자료의 출처가 있거든요. 이 책은 면밀하고 철저한 사실 확인을 거쳤고, 그래서 이 작은 책의 각주는 본문만큼이나 길답니다. (제가 과장하고 있는 건 사실이지만 여러분 생각만큼은 아닐 거예요.)

아래의 간편한 링크를 따라가면 모든 출처와 대단히 복잡한 url 주소를 확인할 수 있어요.*

workman.com/EjaculateResponsibly

여러분의 생각을 나누고 싶다면 트위터나 인스타그램

에서 @designmom을 태그하세요. 여러분과 의견을 나누거나 여러분의 의견을 리트윗할 수 있길 목 빠지게 기다리고 있어요.

* 　　한국어판에서는 독자의 접근성을 위해 아래 페이지의 내용을 미주로 옮겼다.

감사의 말

이 작은 책을 쓰는 데도 많은 분이 더 나은 책으로 만들기 위해 힘을 보태주었고, 그분들에게 고마움을 전하고 싶다.

먼저 나의 남편이자 내가 제일 좋아하는 27년 지기 파트너 벤 블레어가 있다. 그는 철학 교수로서의 기량을 발휘하여 원고를 주의 깊게 읽으며 주장에 질서를 세우는 데 도움이 되는 꼼꼼한 메모를 작성하고 내가 해야 하는 말이 무엇인지 알려주었다. 이 책이 거의 완성될 무렵 내가 이곳저곳의 단어를 수정하면서 그와 함께 보낸 긴긴 저녁 시간을 영원히 잊지 못할 것이다. 그는 한 페이지 한 페이지 큰 소리로 읽으면서 어떤 부분이 읽기 어렵거나 흐름이 자연스럽지 않은지 확인할 수 있게 해주었고 몇 페이지마다 한숨을 돌리며 내게 친절한 말을 해주었다.

내 아이들, 랄프, 모드, 올리브, 오스카, 베티, 플로라 준에게도 고마움을 전한다. 랄프는 내가 이 책에 담은 생각들을 사람들과 나누기 시작했을 때 스무 살이었고 플로라 준은 아홉 살이었다. 그때만 해도 아이들은 엄마가 원치 않는 임신의 원인을 공개된 플랫폼에서 아주 구체적으로, 또 얼마나 자주 이야기하게 될지 전혀 알지 못했다. 이는 자식은 부모를 선택하지 못한다는 사실을, 자신의 의지와는 무관하게 무책임한 사정에 대한 글을 쓰는 사람의 자식으로 태어날 수 있음을 상기시켜주었다. 지난 몇 년 동안 생면부지의 사람들과 지인들, 심지어 친척들까지도 내 아이들에게 내 글의 일부를 가지고 논쟁을 걸어왔다. 하지만 이는 아이들이 겪어서는 안 되는 일이며, 아이들이 원한 것도 아니었다. 아이들을 이런 일들로부터 잘 지켜내는 법을 알지 못해서 미안한 마음이다. 그 모든 일을 무사히 견뎌주고 표지 디자인이나 새로운 편집본을 보여줄 때마다 열정적으로 반응해주었으며 "책임감 있게 사정하라"와 "나는 정관절제술을 사랑해요"라고 적힌 항의 피켓까지 만들어준 아이들에게 고마움을 전한다.

이 책이 최적의 출판인을 만나게 해준 나의 에이전트 메그 톰슨에게 고마움을 전한다. 메그는 세심하게 듣고, 내 편이 되어주고, 내가 필요할 때 나를 가라앉히는 이메일을 보내는 귀재다.

이 책을 출판해주었을 뿐 아니라 중요하고 시급한 담론으로 바라봐준 나의 출판인 리아 로넌에게 고마움을 전한다. 나의 첫 책 《디자인 맘Design Mom》을 출판할 수 있을지 물어보기 위해 리아와 처음으로 통화한 게 12년 전이었다. 이 책은 그 책과는 성격이 완전히 다르다. 내가 아직 내 목소리를 찾으려고 애쓰고 있을 때 리아가 내 인생에 선물처럼 찾아온 것은 믿을 수 없는 행운이다. 리아는 내가 더 많이, 더 잘 쓰도록 격려했고, 나조차 몰랐던 내 책들의 가능성을 알아보았다.

워크맨출판사의 훌륭한 직원들에게도 감사의 마음을 전한다. 메이지 티브넌은 편집을 맡아줬는데, '편집'이라는 단어는 내가 더 나은 생각을 할 수 있게 도움을 주는 진짜 멋진 말이다. 잘못된 것들을 바로잡아준 교열 담당자와 사실 확인 담당자 킴 데일리와 클라우디아 소스비, 내 의견을 십분 반영하여 활자체와 레이아웃 작업을 해준 바버라 페러진과 자넷 비카리오, 그리고 마케팅팀의 레베카 칼라일, 모이라 케리건, 클레어 그로스에게도 고마움을 전한다. 그 외에도 이 책은 워크맨출판사의 많은 사람의 손을 거쳐 세상에 나왔다. 만나 보지 못했고 이름도 모르는 그들 모두에게 고마움을 전한다.

이 책의 표지와 내지 디자인을 모두 맡아준 전설적인 그래픽 디자이너 보니 시글러에게 고마움을 전한다. 그와 함게 일한 것은 기쁨이자 대단한 영광이었다. 이 책의 디자인에 대한 그의 살뜰함과 열정은 이 책의 내용에 대한 내 살뜰함과 열정 못지않았고, 기대하지 않았던 선물이었다.

디자인에 조언을 해주고 아방가르드 글자체의 역사를 친히 강의해준 로리 스미스웍에게 고마움을 전한다.

내가 주장을 선명하게 벼리고 확장하는 데 도움을 준 친구 다이애나 M. 하트먼에게 고마움을 전한다. 다이애나가 열과 성을 다해 이런 생각들을 사람들과 나누고 쉴 새 없이 성차별적 헛소릴 해대는 사람들과 숱하게 옥신각신하며 인내심을 발휘해준 덕에 내가 나가떨어졌을 때도 이 책의 생각들이 생명을 이어갈 수 있었다.

시간을 내어 내가 진행 중인 프로젝트에 대해 이야기를 나누고 가장 생산적인 방향을 알려주는 로라 메이스에게 고마움을 전한다.

나의 활동을 사람들에게 알리고, 나를 옹호하고 지지해주는 내 형제자매들에게 고마움을 전한다. 이 책이 세상에 공개되기 전에 나는 형제자매들에게 구매 페이지를 문자로 전송했고, 모두가 사전 주문 영수증으로 화답했다.

평생 나의 꾸준한 자신감의 원천이었던 엄마에게 고마움을 전한다. 엄마는 내 글의 내용을 항상 맘에 들어하시는 건 아니지만, 어쨌든 나를 사랑하신다.

내게 '음경의 겨울penile winter'라는 용어를 소개해준 사만다 비와 제니퍼 군터 박사에게 고마움을 전한다.

마지막으로 트위터에, 그 플랫폼과 그것을 이용하는 사람들에게 고마움을 전한다. 모두가 트위터를 사랑하는 건 아니지만 나에게 트위터는 놀라운 학습 장소였다. 그곳에서 내 편견이 부서졌고, 시야가 확장되었고, 현실 공동체였더라면 접하지 못했을 중요한 관점을 접했다. 나는 4년간 거의 매일 트위터에서 온갖 주제를 놓고 토론과 논쟁을 벌였다. 그것은 내 글과 사고를 더 명료하게, 그리고 깊은 울림을 갖게 만들기 위한 연습이었다. 그런 연습을 할 수 있어 감사했다.

미주

no.1 남자는 여자에 비해 생식 가능한 날이 50배 더 많다

1 Cleveland Clinic, "Female Reproductive System," reviewed January 19, 2019, https://my.clevelandclinic.org/health/articles/9118-female-re-productive-system.

Rogel Cancer Cen ter, University of Michigan Health, "Normal Ovarian Function," accessed September 29, 2022, https://www.rogelcancer-cen ter.org/fertility-preservation/for-female-patients/normal-ovari-an-function.

A.D.A.M. Medical Encyclopedia, s.v. "Pregnancy—Identifying Fertile Days," reviewed January 10, 2022, https://medlineplus.gov/ency/arti-cle/007015.htm.

2 Kristin DeJohn, "When Do Men Stop Producing Sperm," Ro Health Guide, updated May 13, 2022, https://ro.co/health-guide/when-do-men-stop-producing-sperm/.

"How Long Does Sperm Live: Sperm Lifecycle, Life Span and More," Clear-blue, reviewed by Joanna Pike, February 28, 2021, updated June 13, 2022, https://www.clearblue.com/fertility/how-long-sperm-live.

Tim Jewell, "How Long Does It Take for Sperm to Regenerate? What to Ex-pect," Healthline, reviewed by Janet Brito, September 19, 2018, https://www.healthline.com/health/mens-health/how-long-does-it-take-for-sperm-to-regenerate.

3 Harris, Isiah D., Carolyn Fronczak, Lauren Roth, and Randall B. Meacham. "Fertility and the aging male." *Reviews in urology* 13, no. 4 (2011): e184. PMID: 22232567.

Ng, K. K., R. Donat, L. Chan, A. Lalak, I. Di Pierro, and D. J. Handelsman. "Sperm output of older men." *Human Reproduction* 19, no. 8 (2004): 1811–1815. doi.org/10.1093/humrep/deh315.

Johnson, Sheri L., Jessica Dunleavy, Neil J. Gemmell, and Shinichi Nakaga-wa. "Consistent age-dependent declines in human semen quality: A systematic review and meta-analysis." *Ageing research reviews* 19 (2015): 22-33. doi.org/10.1016/j.arr.2014.10.007.

4 Crosnoe, Lindsey E., and Edward D. Kim. "Impact of age on male fertility." *Current Opinion in Obstetrics and Gynecology* 25, no. 3 (2013): 181-185. doi.org/10.1097/GCO .0b013e32836024cb.

Zitzmann, Michael. "Effects of age on male fertility." Best *Practice&Re-search Clinical Endocrinology&Metabolism* 27, no. 4 (2013): 617-628. doi.org/10.1016/j.beem.2013.07.004.

Eli MacKinnon, "Is There an Age Limit to Male Fertility?" Live Science, October 23, 2012, https://www.livescience.com /24196-male-fertili-ty-limit.html.

no.2   정자는 5일까지 살아 있다

1 Patricio C. Gargollo, "How Long Do Sperm Live After Ejaculation?" Mayo Clinic, May 5, 2022, https://www.mayoclinic.org/healthy-lifestyle/getting-pregnant/expert-answers/pregnancy/faq-20058504.

A.D.A.M. Medical Encyclopedia, s.v. "Pregnancy—Identifying Fertile Days," reviewed January 10, 2022, https://medlineplus.gov/ency/article/007015.htm.

Ferreira-Poblete, A. "The probability of conception on different days of the cycle with respect to ovulation: An overview." *Advances in Contraception* 13, no. 2 (1997): 83-95. doi.org/10.1023/A:1006527232605.

no.3   여자의 가임 여부는 예측할 수 없다

1 Wilcox, Allen J., David Dunson, and Donna Day Baird. "The timing of the 'fertile window' in the menstrual cycle: Day specific estimates from a prospective study." *British Medical Journal* 321, no. 7271 (2000): 1259-1262. doi.org/10.1136/bmj.321.7271.1259.

Ferreira-Poblete, A. "The probability of conception on different days of the cycle with respect to ovulation: An overview." *Advances in Contraception* 13, no. 2 (1997): 83-95. doi.org/10.1023/A:1006527232605.

Stirnemann, Julien J., Adeline Samson, Jean-Pierre Bernard, and Jean-Christophe Thalabard. "Day-specific probabilities of conception in fertile cycles resulting in spontaneous pregnancies." *Human Reproduction* 28, no. 4 (2013): 1110-1116. doi.org/10.1093/humrep/des449.

A.D.A.M. Medical Encyclopedia, s.v. "Pregnancy—Identifying Fertile Days," reviewed January 10, 2022, https://medlineplus.gov/ency/article/007015.htm.

Lisa Fields, "Ovulation Symptoms," WebMD, medically reviewed by Hansa D. Bharghava, July 15, 2020, https://www.webmd.com/baby/am-i-ovulating.

2 Soumpasis, Ilias, Bola Grace, and Sarah Johnson. "Real-life insights on menstrual cycles and ovulation using big data." *Human Reproduction Open* 2020, no. 2 (2020): hoaa011. doi.org/10.1093/hropen/hoaa011.

Su, Hsiu-Wei, Yu-Chiao Yi, Ting-Yen Wei, Ting-Chang Chang, and Chao-Min Cheng. "Detection of ovulation, a review of currently available methods." *Bioengineering&translational medicine* 2, no. 3 (2017): 238-246. doi.org/10.1002/btm2.10058.

Julia Malacoff, "The 9 Best Ovulation Tests of 2022," Healthline, last medically reviewed July 22, 2022, https://www.healthline.com/health/womens-health/ovulation-test#A-quick-look-at-the-best-ovulationtests-and-test-kits-of-2022.

    Potluri, Vaishnavi, Preethi Sangeetha Kathiresan, Hemanth Kandula, Prudhvi Thirumalaraju, Manoj Kumar Kanakasabapathy, Sandeep Kota Sai Pavan, Divyank Yarravarapu et al. "An inexpensive smartphone-based device for point-of-care ovulation testing." Lab on a Chip 19, no. 1 (2019): 59-67. doi.org/10.1039/C8LC00792F.

3   "Cost of Fertility Treatment for Women and Men: National averages, ranges—and our prices," Advanced Fertility Center of Chicago, accessed September 29, 2022, https://advancedfertility.com/fertility-treatment/affording-care/fertility-treatment-costs/.

    "How Much Does an IUI (Artificial Insemination) Really Cost?" CNY Fertility, updated October 12, 2020, https://www.cnyfertility.com/iui-cost/.

    "IUI—Intrauterine Insemination, Treatments We Offer," University of Mississippi Medical Center Fertility Services, accessed September 29, 2022, https://www.umc.edu/Healthcare/Womens%20Health/Fertility%20Services/fee-estimate-IUI.html.

no.4   배란은 비자발적이지만 사정은 자발적이다

1   Reed, Beverly G., and Bruce R. Carr. "The normal menstrual cycle and the control of ovulation." (2015). In: Feingold K. R., Anawalt B., Boyce A., et al., editors. Endotext [Internet]. South Dartmouth (MA): MDText.com, Inc. https://www.ncbi.nlm.nih.gov/books/NBK279054/.

    Cleveland Clinic, "What Are Puberty Blockers?" January 10, 2022, https://health.clevelandclinic.org/what-are-puberty-blockers/.

    Alexandra Benisek, "What Are Puberty Blockers?" WebMD, medically reviewed by Brunilda Nazario May 16, 2022, https://www.webmd.com/children/what-are-puberty-blockers.

    United States Department of Health&Human Services, Office on Women's Health, "A Fact Sheet on Women's Health: Hysterectomy," reviewed by Sarah M. Temkin and Kimberly Kho, last reviewed September 9, 2014, last updated December 4, 2014, https://owh-wh-d9-dev.s3.amazonaws.com/s3fs-public/documents/fact-sheet-hysterectomy.pdf.

    Rocca, Walter A., Liliana Gazzuola Rocca, Carin Y. Smith, Brandon R. Grossardt, Stephanie S. Faubion, Lynne T. Shuster, James L. Kirkland et al. "Loss of ovarian hormones and accelerated somatic and mental aging." Physiology 33, no. 6 (2018): 374-383. doi.org/10.1152/physiol.00024.2018.

no.5   여성용 피임법은 접근도 사용도 어렵다

1   United Nations, Department of Economic and Social Affairs, Contraceptive Use by Method 2019, accessed September 28, 2022, https://www.un-.org/development/desa/pd/sites/www.un.org.development.desa.pd/

files/files/documents/2020/Jan/un_2019_contraceptiveuseby meth-od_databooklet.pdf.

2 Guttmacher Institute, *Contraceptive Use in the United States by Demo-graphics, fact sheet*, May 2021, https://www.guttmacher.org/fact-sheet/contraceptive-use-united-states.

Cleveland Clinic, "Birth Control Options: FAQ," reviewed August 18, 2022, https://my.clevelandclinic.org/health/articles/11427-birth-control-op-tions.

Kaitlin Sullivan, "What Are the Best and Worst Birth Control Options?" Ev-eryday Health, reviewed by Kacy Church, May 23, 2022, https://www.everydayhealth.com/sexual-health-pictures/the-11-best-birth-con-trol-options-for-women.aspx.

3 Petitti, Diana B., and Stephen Sidney. "Four decades of research on hor-monal contraception." *The Permanente Journal* 9, no. 1 (2005): 29. doi.org/10.7812/tpp/04-129.

Julia Ries, "The Pill Is Nearly 60 and Still Requires a Prescription: Why Is That?" Healthline, October 8, 2019, https://www.healthline.com/health-news/birth-control-has-been-around-for-60-years-why-is-it-hard-to-get.

4 Cleveland Clinic, "Birth Control Options: FAQ," reviewed August 18, 2022, https://my.clevelandclinic.org/health/articles/11427-birth-control-op-tions.

Kaitlin Sullivan, "What Are the Best and Worst Birth Control Options?" Ev-eryday Health, reviewed by Kacy Church, May 23, 2022, https://www.everydayhealth.com/sexual-health-pictures/the-11-best-birth-con-trol-options-for-women.aspx.

Julia Ries, "The Pill Is Nearly 60 and Still Requires a Prescription: Why Is That?" Healthline, October 8, 2019, https://www.healthline.com/health-news/birth-control-has-been-around-for-60-years-why-is-it-hard-to-get.

United States Food and Drug Administration, "Birth Control Chart," June 18, 2021, https://www.fda.gov/consumers/free-publications-women/birth-control.

United States Department of Health&Human Services, Office on Women's Health, "Birth Control Methods," reviewed by Tessa Madden and the FDA Center for Drug Research and Evaluation (CDER), Division of Bone, Reproductive and Urologic Products (DBRUP) medical staff and Center for Devices and Radiological Health staff, November 24, 2021, https://www.womenshealth.gov/a-z-topics/birth-control-methods.

5 Jillian Goltzman and Emma Caplan, "The 6 Best Services for Birth Control Online in 2022," Healthline, reviewed by Alan Carter, updated Septem-ber 22, 2022, https://www.healthline.com/health/birth-control/birth-control-online#our-picks.

Jenna Fletcher and Suzy Davenport, "9 Birth Control Delivery Providers for

2022," Medical News Today, reviewed by Carolyn Kay, updated on August 3, 2022, https://www.medicalnewstoday.com/articles/birth-control-online#how-to-order.

6   Sarah McCammon, "The Supreme Court Allows Employers to Opt Out of Contraception Coverage," All Things Considered, NPR, July 8, 2020, https://www.npr.org/2020/07/08/889112788/the-supreme-court-allows-employers-to-opt-out-of-contraception-coverage.

Adam Liptak, "Supreme Court Upholds Trump Administration Regulation Letting Employers Opt Out of Birth Control Coverage," New York Times, July 8, 2020, https://www.nytimes.com/2020/07/08/us/supreme-court-birth-control-obamacare.html.

7   Meryl Kornfield, Timothy Bella and Amy B. Wang, "Biden, Other Critics Fear Thomas's 'Extreme' Position on Contraception," Washington Post, June 24, 2022, updated June 26, 2022, https://www.washingtonpost.com/politics/2022/06/24/contraception-supreme-court-clarence-thomas-griswold/.

James Barragán, "In Roe Decision, Justice Clarence Thomas Invites New Legal Challenges to Contraception and Same-Sex Marriage Rights," Texas Tribune, June 24, 2022, https://www.texastribune.org/2022/06/24/roe-wade-clarence-thomas-contraception-same-sex-marriage/.

Dobbs v. Jackson, 597 U.S. _____ (2022), https://www.supreme court.gov/opinions/21pdf/19-1392_6j37.pdf.

8   Cleveland Clinic, "Birth Control: The Pill," reviewed July 21, 2020, https://my.clevelandclinic.org/health/drugs /3977-birth-control-the-pill.

Rebecca Buffum Taylor, "Birth Control for Acne," WebMD, medically reviewed by Stephanie S. Gardner, January 18, 2022, https://www.webmd.com/skin-problems-and-treatments/acne/birth-control-for-acne-treatment.

Elizabeth Kiefer, "Birth Control 101: All the Must-Know Facts About the Pill," Teen Vogue, March 6, 2014, https://www.teenvogue.com/story/birth-control-pill.

9   Zawn Villines, "What Birth Control Methods Take the Shortest and Longest Time to Work?" Medical News Today, medically reviewed by Carolyn Kay, updated December 1, 2020, https://www.medicalnewstoday.com/articles/319996#birth-control-pills.

Cleveland Clinic, "Pirth Control: The Pill,"reviewed July 21, 2020, https://my.clevelandclinic.org/health/drugs/3977-birth-control-the-pill.

National Health Service, "Combined Pill: Your Contraception Guide," reviewed July 1, 2020, https://www.nhs.uk/conditions/contraception/combined-contraceptive-pill/.

10 Ashley Marcin, "Is My Period Heavy Because of My IUD?" Healthline, medically reviewed by Nicole Galan, February 11, 2016, https://www.healthline.com/health/birth-control/iud-heavy-period#What-Are-the-Side-

Effects.

Liji Thomas, "IUD: Advantages and Disadvantages," News Medical, last updated February 26, 2019, https://www.news-medical.net/health/IUD-Advantages-and-Disadvantages.aspx.

Planned Parenthood, "What Are the Side Effects of IUDs?" accessed September 29, 2022, https://www.plannedparenthood.org/learn/birth-control/iud/iud-side-effects.

United States Food and Drug Administration, "Birth Control Chart," June 18, 2021, https://www.fda.gov/consumers/free-publications-women/birth-control.

11 Planned Parenthood, "What Are the Side Effects of IUDs?" accessed September 29, 2022, https://www.plannedparenthood.org/learn/birth-control/iud/iud-side-effects.

United States Food and Drug Administration, "Birth Control Chart," June 18, 2021, https://www.fda.gov/consumers/free-publications-women/birth-control.

"Hormonal IUD (Mirena)," Mayo Clinic staff, Mayo Clinic, accessed September 29, 2022, https://www.mayoclinic.org/tests-procedures/mirena/about/pac-20391354.

Lauren Sharkey, "Can IUDs Clear or Actually Cause Acne?" Healthline, medically reviewed by Valinda Riggins Nwadike, April 20, 2020, https://www.healthline.com/health/birth-control/iud-acne#should-i-get-one.

12 Cheryl Maguire, "9 Medications That Interfere with Birth Control," in the Checkup, a blog by SingleCare, medically reviewed by Laura K. Grubb, May 20, 2021, https://www.singlecare.com/blog/medications-that-interfere-with-birth-control/.

Sun, Haiying, Rama Sivasubramanian, Soniya Vaidya, Avantika Barve, and Venkateswar Jarugula. "Drug-drug interaction studies with oral contraceptives: Pharmacokinetic/pharmacodynamic and study design considerations." *The Journal of Clinical Pharmacology* 60 (2020): S49-S62. doi.org/10.1002/jcph.1765.

Dutton, Caryn, Andrea Hsu Roe, and Deborah Bartz. "Contraception in neurologic and psychiatric disorders." *Neurology and Psychiatry of Women* (2019): 27-36. doi.org/10.1007/978-3-030-04245-5_4.

"Medicines That Interfere with Birth Control Pills," WebMD editorial contributors, WebMD, medically reviewed by Poonam Sachdev, April 28, 2022, https://www.webmd.com/sex/birth-control/medicines-interfere-birth-control-pills.

Dawn Stacey, "Medications That Decrease Contraception Effectiveness: These Drugs Can Cause Pill Failure," Verywell Health, medically reviewed by Mary Choy, updated on September 8, 2021, https://www.verywellhealth.com/medications-that-can-cause-interactions-with-the-pill-906876.

13 Singh Ospina, Naykky, Kari A. Phillips, Rene Rodriguez-Gutierrez, Ana Cas-

taneda-Guarderas, Michael R. Gionfriddo, Megan E. Branda, and Victor M. Montori. "Eliciting the patient's agenda—secondary analysis of recorded clinical encounters." *Journal of General Internal Medicine* 34, no. 1 (2019): 36-40. doi.org/10.1007/s11606-018-4540-5.

Sara Cravatts, "Patients and Doctors Are Clashing About Side Effects of Hormonal Birth Control," STAT, December 6, 2021, https://www.statnews.com/2021/12/06/patients-doctors-clashing-side-effects-hormonal-birth-control/.

Maanvi Singh, "Doctors Don't Know What Women Want to Know About Birth Control," *Health Shots*, NPR, June 10, 2014, https://www.npr.org/sections/health-shots/2014/06/10/320641019/doctors-dont-know-what-women-want-to-know-about-birth-control.

14 수치는 2021년 연구 기준이다.

FDA J&J fact sheet: United States Food and Drug Administration, "Fact Sheet for Healthcare Providers Administering Vaccine (Vaccination Providers); Emergency Use Authorization (EUA) of the Janssen COVID-19 Vaccine to Prevent Coronavirus Disease 2019 (COVID-19); Warning: Thrombosis With Thrombocytopenia Syndrome," revised May 5, 2022, https://www.fda.gov/media/146304/download?utm_medium=email&utm_source=govdelivery.

Kathy Katella, "The Link Between J&J's COVID Vaccine and Blood Clots: What You Need to Know," Yale Medicine, April 21, 2021, updated May 6, 2022, https://www.yalemedicine.org/news/coronavirus-vaccine-blood-clots.

Ralph Ellis, "FDA Limits Use of J&J COVID-19 Vaccine Over Blood Clot Risk," WebMD News Brief, WebMD, May 6, 2022, https://www.webmd.com/vaccines/covid-19-vaccine/news/20220506/fda-limits-use-jj-covid-vaccine-blood-clot-risk.

Arepally, Gowthami M., and Thomas L. Ortel. "Vaccine-induced immune thrombotic thrombocytopenia: what we know and do not know." *Blood* 138, no. 4 (2021): 293-298. https://doi.org/10.1182/blood.2021012152.

15 Cleveland Clinic, "What to Know About Birth Control and Blood Clots," April 26, 2022, https://health.clevelandclinic.org/yes-your-birth-control-could-make-you-more-likely-to-have-a-blood-clot/.

16 "Birth Control Creates Higher Risk of Blood Clots Than AstraZeneca Vaccine," Open Access Government, March 16, 2021, https://www.openaccessgovernment.org/risk-of-blood-clots/106257/.

Cleveland Clinic, "What to Know About Birth Control and Blood Clots," April 26, 2022, https://health.clevelandclinic.org/yes-your-birth-control-could-make-you-more-likely-to-have-a-blood-clot/.

Menaka Pai, Douketis, James D., "Patient Education: Deep Vein Thrombosis (DVT) (Beyond the Basics)," UpToDate, March 17, 2022, https://www.uptodate.com/contents/deep-vein-thrombosis-dvt-beyond-the-basics.

Anna Medaris, "Stop Brushing Off Blood Clots Linked to Birth Control, Say 3 Women Who Could Have Died from Pill-Linked Clots," Insider, April 17, 2021, https://www.insider.com/blood-clots-link-birth-control-un-usual-but-real-serious-risk-2021-4.

Amy Rushlow, "Birth Control Methods and the Risk of Blood Clots," Web-MD, medically reviewed by Nivin Todd, March 4, 2022, https://www.webmd.com/sex/birth-control/birth-control-methods-blood-clot-risk.

17 United Nations, Department of Economic and Social Affairs, *Contraceptive Use by Method* 2019, accessed September 28, 2022, https://www.un-.org/development/desa/pd/sites/www.un.org.development.desa.pd/files/files/documents/2020/Jan/un_2019_contraceptiveusebymeth-od_databooklet.pdf.

18 Mary Pflum, "Safe Medicine? More, Younger Girls Starting on Birth Con-trol," ABC News, July 20, 2011, https://abcnews.go.com/US/safe-medicine-younger-girls-starting-birth-control/story?id=14116032.

Evan Starkman, "How Can Teens Get Birth Control," WebMD, medically re-viewed by Traci C. Johnson, June 16, 2022, https://www.webmd.com/sex/birth-control /birth-control-teens.

Maslyanskaya, Sofya, Susan M. Coupey, Rosy Chhabra, and Unab I. Khan. "Predictors of early discontinuation of effective contraception by teens at high risk of pregnancy." *Journal of Pediatric and Adolescent Gyne-cology* 29, no. 3 (2016): 269–275. doi.org/10.1016/j.jpag.2015.10.014.

19 "U.S. Contraceptive Market Size, Share&Trends Analysis Report by Product (Pills, Intrauterine Devices (IUD), Condoms, Vaginal Ring, Subdermal Implants, Injectable), and Segment Forecasts, 2022–2030," Grand View Research, Report ID: GVR-2-68038-702-5, https://www.grandviewre-search.com/industry-analysis/us-contraceptive-market.

"North America Contraceptives Market Research Report—Segmented by Drug Type, Medical Devices, End-Users, Country (the United States, Canada and Rest of North America)—Industry Analysis, Size, Share, Growth, Trends, Forecast | 2022 to 2027," Market Data Forecast, Jan-uary 2022, ID: 1155, https://www.marketdataforecast.com/market-re-ports/north-america-contraceptives-market.

20 Susan Walker, "The Way You Take the Contraceptive Pill Has More to Do with the Pope Than Your Health," The Conversation, January 24, 2019, https://theconversation.com/contraception-the-way-you-take-the-pill-has-more-to-do-with-the-pope-than-your-health-109392.

The Harrow Health Care Center, "NHS Overturn 'Pope Rule' and Suggest Taking Contraceptive Pill Every Day," January 22, 2019, https://harrow-healthcare.co.uk/nhs-overturn-pope-rule-suggest-taking-contracep-tive-pill-every-day/.

no.6   남성용 피임법은 접근도 사용도 쉽다

1   Corey Whelan, "Male Birth Control: Understanding Your Current and Future Options," Healthline, medically reviewed by Kevin Martinez, June 1, 2021, https://www.healthline.com/health/birth-control/male-birth-control-options#outlook.

Zawn Villines and Stefano Iavarone, "What Are the Birth Control Options for Men?" Medical News Today, medically reviewed by Carolyn Kay, updated August 30, 2022, https://www.medicalnewstoday.com/articles/birth-control-for-men#clinical-trials.

Natalie Huet, "Hard Decisions: Do New Options Mean It's Time Men Took More Responsibility for Birth Control?" Euronews.next, updated September 15, 2022, https://www.euronews.com/next/2021/07/25/beyond-condoms-do-new-options-mean-men-will-take-more-responsibility-for-birth-control.

2   Amazon, "Trojan Magnum Ecstasy Ultrasmooth," accessed October 3, 2022, https://www.amazon.com/Trojan-Magnum-Ecstasy-Ultrasmooth-30-Pack/dp/B001XVXKUW?th=1.

Walmart, "Lifestyles Condoms," accessed October 3, 2022, https://www.walmart.com/browse/health/lifestyles-condoms/976760_1876667_246 0592_7782735.

Costco "Condoms," accessed October 3, 2022, https://www.costco.com/condoms.html.

3   Liz Froment, "Where Can I Get Free Condoms in My State?" GoodRx Health, March 30, 2022, https://www.goodrx.com/health-topic/sexual-health/free-condoms.

Hannah Orenstein, "These Are the 10 Best Places to Get Condoms for Free," *Seventeen*, updated June 14, 2019, https://www.seventeen.com/love/dating-advice/a12026234/these-are-the-10-best-places-to-get-condoms-for-free/.

Elizabeth Boskey, "Where to Find Free Condoms," Verywell Health, medically reviewed by Anju Goel, updated on August 4, 2022, https://www.verywellhealth.com/where-to-find-free-condoms-3133074.

4   Claire Gillespie, "Do Condoms Expire? 7 Things to Know Before Use," Healthline, medically reviewed by Janet Brito, updated on November 12, 2019, https://www.healthline.com/health/healthy-sex/do-condoms-expire.

"Product 101: Condom Storage&Expiration," Trojan Brands, https://www.trojanbrands.com/en/sex-information/condom-storage-and-expiration.

5   Bianca Alba, "The Best Condoms," Wirecutter blog, *New York Times*, November 17, 2020, https://www.nytimes.com/wirecutter/reviews/best-condoms/.

Dawn Stacey, "13 External Condom Types: Pros and Cons," Verywell Health, medically reviewed by Jamin Brahmbhatt, updated September 28,

2022, https://www.verywellhealth.com/condom-types-906789.

Amazon, "Trojan Pleasure Pack Premium Lubricated Condoms," accessed October 3, 2022, https://www.amazon.com/Trojan-Pleasure-Premium-Lubricated-Condoms/dp/B010MR7F6W.

6   Planned Parenthood, "How Effective Are Condoms?" accessed September 29, 2022, https://www.plannedparenthood.org/learn/birth-control/condom/how-effective-are-condoms.

"Condoms," WebMD editorial contributors, WebMD, medically reviewed by Minesh Khatri, October 28, 2021, https://www.webmd.com/sex/birth-control/birth-control-condoms.

National Health Service, "Condoms: Your Contraception Guide," reviewed October 12, 2020, https://www.nhs.uk/conditions/contraception/male-condoms/.

7   Stanford Medicine Health Care, "Vasectomy Reversal," accessed September 29, 2022, https://stanfordhealthcare.org/medical-treatments/v/vasectomy-reversal.html.

Kathleen Kelleher, "Many Real Men Have Unreal Fears About Vasectomies," *Los Angeles Times*, April 22, 2002, https://www.latimes.com/archives/la-xpm-2002-apr-22-lv-birds22-story.html.

"5 Facts You Should Know Before Having a Vasectomy," Fertility blog, Penn Medicine, November 10, 2020, https://www.pennmedicine.org/updates/blogs/fertility-blog/2019/march/5-facts-you-should-know-before-having-a-vasectomy.

Arthur Allen, "Vasectomy Risks and Benefits," WebMD, medically reviewed by Amal Chakraburtty, June 1, 2007, https://www.webmd.com/men/features/vasectomy-risks-benefits.

"Vasectomy," Mayo Clinic staff, Mayo Clinic, August 21, 2021, https://www.mayoclinic.org/tests-procedures/vasectomy/about/pac-20384580.

8   David Fleming, "March Madness Brings Increase in Number of Vasectomies," ESPN, March 18, 2021(originally published March 24, 2014) https://www.espn.com/mens-college-basketball/tournament/2014/story/_/id/10675533/march-madness-brings-increase-number-vasectomies-espn-magazine.

"7 Things You Didn't Know About Vasectomies," Health and Wellness blog, Penn Medicine, March 1, 2019, https://www.pennmedicine.org/updates/blogs/health-and-wellness/2019/march/7-things-about-vasectomies.

9   Jeanette Ferrara, "The Top Five Most Effective Methods of Birth Control," Science Line, January 30, 2016, https://scienceline.org/2016/01/the-top-five-most-effective-methods-of-birth-control/.

Anne Roderique-Jones, "There's a Safe, Effective Contraceptive Method for Men—But They're Not Using It," Self, November 8, 2016, https://www.self.com/story/vasectomy-safe-effective-contraceptive-men-not-using-it.

10 Coren, C. "After vasectomy, sperm clearance may occur later than previously thought." *International Family Planning Perspectives* 30, no. 1 (2004): 46-48, https://www.guttmacher.org/journals/ipsrh/2004/03/after-vasectomy-sperm-clearance-may-occur-later-previously-thought.

"7 Things You Didn't Know About Vasectomies," Health and Wellness blog, Penn Medicine, March 1, 2019, https://www.pennmedicine.org/updates/blogs/health-and-wellness/2019/march/7-things-about-vasectomies.

11 Kathleen Kelleher, "Many Real Men Have Unreal Fears About Vasectomies," *Los Angeles Times*, April 22, 2002, https://www.latimes.com/archives/la-xpm-2002-apr-22-lv-birds22-story.html.

National Health Service, "Can I Get a Vasectomy Reversed?" reviewed December 18, 2018, https://www.nhs.uk/conditions/contraception/vasectomy-reversal-nhs/.

Patel, Abhishek P., and Ryan P. Smith. "Vasectomy reversal: A clinical update." *Asian Journal of Andrology* 18, no. 3 (2016): 365. doi.org/10.4103/ 1008-682X.175091.

12 Stanford Medicine Health Care, "Vasectomy Reversal," accessed September 29, 2022, https://stanfordhealthcar.org/medical-treatments/v/vasectomy-reversal.html.

"Vasectomy Reversal," Penn Medicine, accessed September 30, 2022, https://www.pennmedicine.org/for-patients-and-visitors/find-a-program-or-service/penn-fertility-care/male-infertility/treatments-and-procedures /vasectomy-reversal.

13 Sheldon H. F. Marks, "Vasectomy Reversals 2022," International Center for Vasectomy Reversal, August 13, 2022, https://www.dadsagain.com/vasectomy-reversal/.

Sheldon H. F. Marks, "About Dr. Sheldon H. F. Marks," International Center for Vasectomy Reversal, accessed September 30, 2022, https://www.dadsagain.com/icvr/about-dr-marks/.

14 National Health Service, "Can I Get a Vasectomy Reversed?" reviewed December 18, 2018, https://www.nhs.uk/conditions/contraception/vasectomy-reversal-nhs/.

Arthur Allen, "Vasectomy Risks and Benefits," WebMD, medically reviewed by Amal Chakraburtty, June 1, 2007, https://www.webmd.com/men/features/vasectomy-risks-benefits.

15 Amin Sedaghat Herati, "Sperm Banking," Johns Hopkins Medicine, accessed September 30, 2022, https://www.hopkinsmedicine.org/health/treatment-tests-and-therapies/sperm-banking.

"Sperm Banking," VasWeb Vasectomies&Reversals, accessed September 30, 2022, https://www.vasweb.com/spermbanking.html.

National Health Service, "Vasectomy (Male Sterilisation)" reviewed March 18, 2021, https://www.nhs.uk/condition/contraception/vasectomy-male-sterilisation/.

16 https://www.plannedparenthood.org/learn/birth-control/withdraw-
     al-pull-out-method/how-effective-is-withdrawal-method-pulling-out.

17 Jones, Rachel K., Laura D. Lindberg, and Jenny A. Higgins. "Pull and pray or
     extra protection? Contraceptive strategies involving withdrawal among
     US adult women." *Contraception* 90, no. 4 (2014): 416–421, doi.
     org/10.1016/j.contraception.2014.04.016.

     Stephanie Langmaid, "Pull Out Method (Withdrawal)," WebMD, medically
     reviewed by Traci C. Johnson, August 8, 2022, https://www.webmd.
     com/sex/birth-control /pull-out-withdrawal.

18 Planned Parenthood, "Internal Condom," accessed September 30, 2022,
     https://www.plannedparenthood.org /learn/birth-control/internal-
     condom.

     National Center for HIV, Viral Hepatitis, STD, and TB Prevention, Centers for
     Disease Control and Prevention, "Condom Effectiveness: Female (In-
     ternal) Condom Use," February 10, 2022, https://www.cdc.gov/con-
     domeffectiveness/internal-condom-use.html.

     Cornell Health, "Condoms&Lubricants," accessed September 30, 2022,
     https://health.cornell.edu/sites/health/files/pdf-library/Condoms_
     Lube.pdf.

19 Planned Parenthood, "Internal Condom," accessed September 30, 2022,
     https://www.plannedparenthood.org/learn/birth-control/internal-con-
     dom.

     Sonya Collins, "Female Condoms," WebMD, medically reviewed by Carol
     DerSarkissian, August 23, 2021, https://www.webmd.com/sex/
     birth-control/what-are-female-condoms.

20 Sonya Collins, "Female Condoms," WebMD, medically reviewed by Carol
     DerSarkissian, August 23, 2021, https://www.webmd.com/sex/
     birth-control/what-are-female-condoms.

     A.D.A.M. Medical Encyclopedia, s.v. "Female Condoms," accessed October
     1, 2022, https://medlineplus.gov/ency/article/004002.htm.

     Christine Ro, "The Enduring Unpopularity of the Female Condom," *The At-
     lantic*, June 6, 2016, https://www.theatlantic.com/health/ar-
     chive/2016/06/the-enduring-unpopularity-of-the-female-con-
     dom/485519/.

21 Calsyn, Donald A., Mary A. Hatch-Maillette, Suzanne R. Doyle, Sarah Cous-
     ins, TeChieh Chen, and Melinda Godinez. "Teaching condom use skills:
     Practice is superior to observation." Substance Abuse 31, no. 4 (2010):
     231–239. doi.org/10.1080/08897077.2010.514241.

     Cornell Health, "Condoms&Lubricants," accessed September 30, 2022,
     https://health.cornell.edu/sites/health/files/pdf-library/Condoms_
     Lube.pdf.

     Zachary Zane, "You Might Be Wearing the Wrong-Sized Condom. Here's
     How to Find the Right Fit." Men's Health, March 30, 2021, https://

www.menshealth.com/sex-women/a19535648/are-you-wearing-the-wrong-size-condom/.

22 Emma McGowan, "The Real Reasons Why Your Partner Doesn't Like Wearing Condoms," Bustle, June 3, 2019, https://www.bustle.com/wellness/why-dont-guys-like-condoms-like-unprotected-sex.

National Coalition for Sexual Health, "Men: 5 Ways to Make Condoms More Pleasurable," NCSH Media Center, Feb 23, 2016, https://nationalcoalitionforsexualhealth.org/media-center/ncsh-in-the-news/men.

Randolph, Mary E., Steven D. Pinkerton, Laura M. Bogart, Heather Cecil, and Paul R. Abramson. "Sexual pleasure and condom use." *Archives of Sexual Behavior* 36, no. 6 (2007): 844–848. doi.org/10.1007/s10508-007-9213-0.

Calsyn, Donald A., Michelle Peavy, Elizabeth A. Wells, Aimee NC Campbell, Mary A. Hatch-Maillette, Shelly F. Greenfield, and Susan Tross. "Differences between men and women in condom use, attitudes, and skills in substance abuse treatment seekers." *The American Journal on Addictions* 22, no. 2 (2013): 150–157. doi.org/10.1111/j.1521-0391.2013.00312.x.

no.7 사회는 남자들이 콘돔을 싫어한다는 생각에 집착한다

1 https://twitter.com/studiolemaine/status/1540689319492558849.

2 Emma McGowan, "The Real Reasons Why Your Partner Doesn't Like Wearing Condoms," Bustle, June 3, 2019, https://www.bustle.com/wellness/why-dont-guys-like-condoms-like-unprotected-sex.

Randolph, Mary E., Steven D. Pinkerton, Laura M. Bogart, Heather Cecil, and Paul R. Abramson. "Sexual pleasure and condom use." *Archives of Sexual Behavior* 36, no. 6 (2007): 844–848. doi.org/10.1007/s10508-007-9213-0.

Calsyn, Donald A., Michelle Peavy, Elizabeth A. Wells, Aimee NC Campbell, Mary A. Hatch-Maillette, Shelly F. Greenfield, and Susan Tross. "Differences between men and women in condom use, attitudes, and skills in substance abuse treatment seekers." *The American Journal on Addictions* 22, no. 2 (2013): 150–157. doi.org/10.1111/j.1521-0391.2013.00312.x.

Spencer Higgins and Jim Thornton, "Can We Reinvent the Rubber?" Men's Health, March 31, 2014, https://www.menshealth.com/sex-women/a19532158/condom-conundrum/.

3 Arthur Allen, "Vasectomy Risks and Benefits," WebMD, medically reviewed by Amal Chakraburtty, June 1, 2007, https://www.webmd.com/men/features/vasectomy-risks-benefits.

Annalisa Merelli, "Vasectomy Rates Suggest It's Not Likely That Men Would Take a Birth Control Pill," Quartz, Yahoo Sports, March 30, 2022, https://sports.yahoo.com/vasectomy-rates-suggest-not-likely-070146548.html.

Bartz, Deborah, and James A. Greenberg. "Sterilization in the United States." *Reviews in Obstetrics&Gynecology* 1, no. 1 (2008): 23. https://www.ncbi.nlm.nih.gov/pmc/articles/PMC2492586/.

Zhang, Xinyuan, and Michael L. Eisenberg. "Vasectomy utilization in men aged 18–45 declined between 2002 and 2017: Results from the United States National Survey for Family Growth data." *Andrology* 10, no. 1 (2022): 137–142. doi.org/10.1111/andr.13093.

Punjani, Nahid, and Marc Goldstein. "Vasectomy: Is the apparent decline real or not?" *Nature Reviews Urology* 19, no. 2 (2022): 69–70. doi.org/10.1038/s41585-021-00538-1.

4   Engl, Tobias, Sarah Hallmen, Wolf-D. Beecken, Peter Rubenwolf, Elmar-W. Gerharz, and Stefan Vallo. "Impact of vasectomy on the sexual satisfaction of couples: Experience from a specialized clinic." *Central European Journal of Urology* 70, no. 3 (2017): 275. doi.org/10.5173/ceju.2017.1294.

Dana Dovey, "Sex After Vasectomy: Getting Snip Leads to Better Orgasms, Scientists Discover," *Newsweek*, November 21, 2017, https://www.newsweek.com/contraception-vasectomy-sex-drive-orgasms-718605.

Blueheart, "Understanding the Ways Your Vasectomy May Influence Your Libido," reviewed by Katherine Hertlein, May 28, 2021, updated July 25, 2022, https://www.blueheart.io/post/understanding-the-ways-your-vasectomy-may-influence-your-libido.

no.8   정관절제술은 난관결찰술보다 위험이 적다

1   Mayo Clinic staff, "Tubal Ligation," Mayo Clinic, January 9, 2021, https://www.mayoclinic.org/tests-procedures/tubal-ligation/about/pac-20388360.

Cleveland Clinic, "Birth Control Options: FAQ," reviewed August 18, 2022, https://my.clevelandclinic.org/health/articles/11427-birth-control-options.

2   Planned Parenthood, "What Can I Expect If I Get a Tubal Ligation?" accessed October 1, 2022, https://www.plannedparenthood.org/learn/birth-control/sterilization/what-can-i-expect-if-i-get-tubal-ligation.

Johns Hopkins Medicine, "Tubal Ligation," accessed October 1, 2022, https://www.hopkinsmedicine.org/health/treatment-tests-and-therapies/tubal-ligation.

Diana Reese, "Getting Your Tubes Tied: Pros, Cons, What to Know," WebMD, medically reviewed by Traci C. Johnson, April 22, 2021, https://www.webmd.com/sex/birth-control/should-i-get-my-tubes-tied.

3   Diana Reese, "Getting Your Tubes Tied: Pros, Cons, What to Know," WebMD, medically reviewed by Traci C. Johnson, April 22, 2021, https://

www.webmd.com/sex/birth-control/should-i-get-my-tubes-tied.

4   Spermcheck Vasectomy Research Center, "Vasectomy vs. Tubal Ligation: Should It Be Him or Her?" October 4, 2017, https://spermcheck.com/vasectomy/blog/vasectomy-vs-tubal-ligation/.

5   Interview of Alexander Pastuszak, "Vasectomy or Tubal Ligation? What is the Best Option for You and Your Partner?: Permanent Birth Control," University of Utah Health, https://healthcare.utah.edu/the-scope/shows.php?shows=0_r14awktv.

6   Lawrence, R. E., K. A. Rasinski, J. D. Yoon, and F. A. Curlin. "Factors influencing physicians' advice about female sterilization in USA: A national survey." *Human Reproduction* 26, no. 1 (2011): 106–111. doi.org/10.1093/humrep/deq289.

Jamie Ducharme, "Vasectomies Are Going Viral After the *Roe v. Wade* Leak, But They Aren't a Solution to Abortion Bans," *Time*, May 23, 2022, https://time.com/6178287/vasectomy-sterilization-roe-v-wade/.

Corely Whelan, "How Old Do You Have to Be to Get Your Tubes Tied?" Healthline, medically reviewed by Carolyn Kay, January 4, 2022, https://www.healthline.com/health/womens-health/how-old-do-you-have-to-be-to-get-your-tubes-tied#how-to-advocate-for-you.

Nina Bahadur, "Child-Free by Choice: When You Don't Want Kids—But Your Doctor Won't Listen," Self, March 1, 2018, https://www.self.com/story/childfree-by-choice.

Shira Feder, "A Woman Was Told She Needed Her Husband's Permission to Get Her Tubes Tied. Her Story Went Viral, But It's Not Uncommon," Insider, February 25, 2020, https://www.insider.com/a-woman-needed-husbands-consent-to-get-her-tubes-tied-2020-2.

7   Regan Olsson, "Can My Partner and I Get Pregnant? Reversing a Vasectomy or Tubal Ligation," Banner Health blog, March 16, 2021, https://www.bannerhealth.com/healthcareblog/advise-me/can-you-reverse-a-vasectomy-or-tubal-ligation.

Charles Monteith, "Vasectomy Reversal and Tubal Reversal: Chances of Pregnancy Success?" His Choice, September 19, 2014, https://www.bestvasectomy.com/vasectomy-reversal-and-tubal-reversal-chances-of-pregnancy-success/.

8   Mayo Clinic staff, "Tubal Ligation," Mayo Clinic, January 9, 2021, https://www.mayoclinic.org/tests-procedures/tubal-ligation/about/pac-20388360.

Kelli Miller, "Tubal Ligation Reversal," WebMD, medically reviewed by Traci C. Johnson, January 8, 2021, https://www.webmd.com/infertility-and-reproduction/guide/tubal-ligation-reversal.

9   Mayo Clinic staff, "Ectopic Pregnancy," Mayo Clinic, March 12, 2022, https://www.mayoclinic.org/diseases-conditions/ectopic-pregnancy/symptoms-causes/syc-20372088.

199

US Department of Health and Human Services, "CDC Researchers Report Increased Risk of Ectopic Pregnancy After Tubal Sterilization," CDC Home, March 1997, https://www.cdc.gov/media/pressrel/ectopic.htm.

Hope Cristol, "Pregnancy After Tubal Ligation: Can It Happen?" WebMD, medically reviewed by Traci C. Johnson, April 19, 2021, https://www.webmd.com/sex/birth-control/pregnancy-after-tubal-ligation.

Kelli Miller, "Tubal Ligation Reversal," WebMD, medically reviewed by Traci C. Johnson, January 8, 2021, https://www.webmd.com/infertility-and-reproduction/guide/tubal-ligation-reversal.

10 Sharp, Kumar, Nilesh A. Devraj, and Vaibhav D. Sonar. "Fatal Intestinal Perforation in a Tubal Ligation Procedure: A Rare Case." *International Journal of Research and Review* 7, no. 7 (2020): 184-187. https://www.ijrrjournal.com/IJRR_Vol.7_Issue.7_July2020/IJRR0023.pdf.

Mayo Clinic staff, "Tubal Ligation," Mayo Clinic, January 9, 2021, https://www.mayoclinic.org/tests-procedures/tubal-ligation/about/pac-20388360.

"Vasectomy vs. Tubal Ligation," MSI Australia, February 23, 2021, https://www.vasectomy.org.au/faqs/vasectomy-vs-tubal-ligation/.

Mayo Clinic staff, "Vasectomy Reversal," Mayo Clinic, August 20, 2021, https://www.mayoclinic.org/tests-procedures/vasectomy-reversal/about/pac-20384537.

11 Satoh, K., and H. Osada. "Post-tubal ligation syndrome." *Ryoikibetsu Shokogun Shirizu* 1 (1993): 772-773. https://pubmed.ncbi.nlm.nih.gov/7757737/.

Stephanie Booth, "Post-Tubal Ligation Syndrome," WebMD, medically reviewed by Brunilda Nazario, April 13, 2021, https://www.webmd.com/sex/birth-control/post-tubal-ligation-syndrome.

"Tubal Ligation ('Getting Tubes Tied') Surgery Procedure and Recovery," Kansas City ObGyn blog, accessed October 1, 2022, https://www.kcobgyn.com/blog/tubal-ligation.

12 "Permanent Birth Control (Sterilization)," Reproductive Health Access Project, https://www.reproductiveaccess.org/wp-content/uploads/2014/12/sterilization.pdf.

Shira Feder, "A Woman Was Told She Needed Her Husband's Permission to Get Her Tubes Tied. Her Story Went Viral, But It's Not Uncommon," Insider, February 25, 2020, https://www.insider.com/a-woman-needed-husbands-consent-to-get-her-tubes-tied-2020-2.

no.9 사람들은 피임을 여자의 일로 여긴다

1 Carrie MacMillan, "What Birth Control Is Best for Me?" Yale Medicine, August 22, 2019, https://www.yalemedicine.org/news/best-birth-control-options.

"Contraceptive Use in the United States by Demographics Fact Sheet," Guttmacher Institute, May 21, 2021, https://www.guttmacher.org/fact-sheet/contraceptive-use-united-states.

American College of Obstetricians and Gynecologists. "Committee opinion no. 615: Access to contraception." *Obstetrics&Gynecology* 125, no. 1 (2015): 250–255, https://www.acog.org/clinical/clinical-guidance/committee-opinion/articles/2015/01/access-to-contraception.

2 Reeves, Brandy, Melinda J. Ickes, and Kristen P. Mark. "Gender differences and condom-associated embarrassment in the acquisition of purchased versus free condoms among college students." *American Journal of Sexuality Education* 11, no. 1 (2016): 61–75, doi.org/10.1080/15546128.2016.1146188.

Sara Murphy, "We Are Here for Amber Rose's Defense of Women Who Carry Condoms," Refinery29, August 13, 2016, https://www.refinery29.com/en-us/2016/08/119994/amber-rose-defends-women-who-carry-condoms.

no.10 남자들이 더 편하기만 하면 사회는 여자의 고통을 무시한다

1 Behre, Hermann M., Michael Zitzmann, Richard A. Anderson, David J. Handelsman, Silvia W. Lestari, Robert I. McLachlan, M. Cristina Meriggiola et al. "Efficacy and safety of an injectable combination hormonal contraceptive for men." *The Journal of Clinical Endocrinology&Metabolism* 101, no. 12 (2016): 4779–4788, doi.org/10.1210/jc.2016-2141.

Gava, Giulia, and Maria Cristina Meriggiola. "Update on male hormonal contraception." *Therapeutic Advances in Endocrinology and Metabolism* 10 (2019): 2042018819834846. doi.org/10.1177/2042018819834846.

2 NPR Staff, "Male Birth Control Study Killed After Men Report Side Effects," *All Things Considered*, NPR, November 3, 2016, https://www.npr.org/sections/health-shots/2016/11/03/500549503/male-birth-control-study-killed-after-men-complain-about-side-effects.

Behre, Hermann M., Michael Zitzmann, Richard A. Anderson, David J. Handelsman, Silvia W. Lestari, Robert I. McLachlan, M. Cristina Meriggiola et al. "Efficacy and safety of an injectable combination hormonal contraceptive for men." *The Journal of Clinical Endocrinology&Metabolism* 101, no. 12 (2016): 4779–4788, doi.org/10.1210/jc.2016-2141.

Susan Scutti, "Male Birth Control Shot Found Effective, But Side Effects Cut Study Short," CNN, updated November 1, 2016, https://www.cnn.com/2016/10/30/health/male-birth-control/index.html.

3 M. Sruthi, "Is the Husband Stitch Legal?" MedicineNet, medically reviewed by Pallavi Suyog Uttekar, October 28, 2021, https://www.medicinenet.com/is_the_husband_stitch_legal/article.htm.

Korin Miller, "What Is a 'Husband Stitch'?" Health, medically reviewed by Kimberly Brown, updated May 23, 2022, https://www.health.com/

condition/pregnancy/what-is-a-husband-stitch.

Kathleen Davis, "Husband Stitch: Myths and Facts," Medical News Today, medically reviewed by Valinda Riggins Nwadike, June 23, 2020, https://www.medicalnewstoday.com/articles/husband-stitch#fa-qs.

4   Hartmann, Katherine, Meera Viswanathan, Rachel Palmieri, Gerald Gartlehner, John Thorp, and Kathleen N. Lohr. "Outcomes of routine episiotomy: A systematic review." *The Journal of the American Medical Association* 293, no. 17(2005): 2141-2148, doi.org/10.1001/jama.293.17.2141.

Diniz, Simone G., and Alessandra S. Chacham. " 'The cut above' " and " 'the cut below' ": The abuse of caesareans and episiotomy in São Paulo, Brazil." *Reproductive Health Matters* 12, no. 23 (2004): 100-110. doi.org/10.1016/S0968-8080(04)23112-3.

Carrie Murphy, "The Husband Stitch Isn't Just a Horrifying Childbirth Myth," Healthline, updated September 27, 2018, https://www.healthline.com/health-news/husband-stitch-is-not-just-myth.

5   Gemzell-Danielsson, K., D. Mansour, C. Fiala, A. M. Kaunitz, and L. Bahamondes. "Management of pain associated with the insertion of intrauterine contraceptives." *Human Reproduction*, Update 19, no. 4 (2013): 419-427. doi.org/10.1093/humupd/dmt022.

Bednarek, Paula H., Mitchell D. Creinin, Matthew F. Reeves, Carrie Cwiak, Eve Espey, Jeffrey T. Jensen, and Post-Aspiration IUD Randomization PAIR Study Trial.

"Prophylactic ibuprofen does not improve pain with IUD insertion: A randomized trial." *Contraception* 91, no. 3 (2015): 193-197, doi.org/10.1016/j.contraception.2014.11.012.

Singh, Rameet H., Lauren Thaxton, Shannon Carr, Lawrence Leeman, Emily Schneider, and Eve Espey. "A randomized controlled trial of nitrous oxide for intrauterine device insertion in nulliparous women." *International Journal of Gynecology&Obstetrics* 135, no. 2 (2016): 145-148. doi.org/10.1016/j.ijgo.2016.04.014.

Tristan, Sigrid, and Amna Dermish. "Tackling the difficult IUD insertion: Identifying and addressing challenges to IUD insertion means success for clinicians and a better experience for the patient." Contemporary OB/GYN 63, no. 6 (2018): 36+. *Gale Academic OneFile* (accessed October 1, 2022). https://link.gale.com/apps/doc /A548028868/AONE?u=mlin_b_bumml&sid=bookmark-AONE&xid=4eb28c10.

Amna Dermish, "Is IUD Insertion Painful? Expert Answers You Need to Know," Healthline, medically reviewed by Stacy A. Henigsman, July 6, 2022, https://www.healthline.com/health/birth-control/is-iud-painful#what-else-should-i-know.

Hannah Smothers, "IUD Insertion Can Be Less Painful. Why Doesn't Every Doctor Tell You That?" *Cosmopolitan*, June 21, 2018, https://www.cosmopolitan.com/sex-love/a21350348/iud-insertion-pain-management/.

Roberto Leon, "Part 2: Minimizing the Pain of the IUD Insertion: All Effort Required," This Changed My Practice, University of British Columbia Faculty of Medicine, July 12, 2016, https://thischangedmypractice.com/iud-part2/.

Hannah Smothers, "IUD Insertion Can Be Less Painful. Why Doesn't Every Doctor Tell You That?" *Cosmopolitan*, June 21, 2018, https://www.cosmopolitan.com/sex-love/a21350348/iud-insertion-pain-management/.

Amna Dermish, "Is IUD Insertion Painful? Expert Answers You Need to Know," Healthline, medically reviewed by Stacy A. Henigsman, July 6, 2022, https://www.healthline.com/health/birth-control/is-iud-painful#what-else-should-i-know.

6 Casey Johnston excerpt, "If Men Had to Get IUDs, They'd Get Epidurals and a Hospital Stay," The Outline, October 2, 2018, https://theoutline.com/post/6323/if-men-had-to-get-iuds-theyd-get-epidurals-and-a-hospital-stay.

7 Ian Osterloh, "How I Discovered Viagra," *Cosmos*, April 27, 2015, https://cosmosmagazine.com/science/biology/how-i-discovered-viagra/.

Jacque Wilson, "Viagra: The Little Blue Pill That Could," CNN, updated March 27, 2013, https://www.cnn.com/2013/03/27/health/viagra-anniversary-timeline/index.html.

8 Emily Alford, "Viagra Might Relieve Period Cramps, but Male Pharmaceutical Execs Don't Care," Jezebel, February 24, 2019, https://jezebel.com/viagra-might-relieve-period-cramps-but-male-pharmaceut-1832853955.

Melanie Reid, "Review: Invisible Women: Exposing Data Bias in a World Designed for Men by Carol Criado Perez—It's a Man's World and Women Don't Fit," *The Sunday Times*, February 22, 2019, https://www.the-times.co.uk/article/review-invisible-women-exposing-data-bias-in-a-world-designed-for-men-by-caroline-criado-perez-its-a-mans-world-and-women-dont-fit-rlxw8dl3m.

Dmitrovic, R., A. R. Kunselman, and R. S. Legro. "Sildenafilcitrate in the treatment of pain in primary dysmenorrhea: a randomized controlled trial." *Human Reproduction* 28, no. 11 (2013): 2958-2965, doi.org/10.1093/humrep/det324.

9 Grandi, Giovanni, Serena Ferrari, Anjeza Xholli, Marianna Cannoletta, Federica Palma, Cecilia Romani, Annibale Volpe, and Angelo Cagnacci. "Prevalence of menstrual pain in young women: What is dysmenorrhea?" *Journal of Pain Research* 5 (2012): 169. doi.org/10.2147/JPR.S30602.

Pratima Gupta, "Period Pain," Women's Health Concern, reviewed by the medical advisory council of the British Menopause Society, November 2019, https://www.womens-health-concern.org/help-and-advice/

factsheets/period-pain/.

10 "Population, Female," World Bank, accessed October 1, 2022, https://data.
    worldbank.org/indicator/SP.POP.TOTL.FE.IN.

    "Gender Ratio in the World," Statistics Times, August 26, 2021, https://sta-
    tisticstimes.com/demographics/world-sex-ratio.php.

    Latthe, Pallavi, Rita Champaneria, and Khalid Khan. "Dysmenorrhea." Amer-
    ican Family Physician 85, no. 4(2012): 386-387, https://www.aafp.
    org/pubs/afp/issues/2012/0215/p386.html.

    Aliza Aufrichtig, "Period Pain: Why Do So Many Women Suffer from Men-
    strual Cramps in Silence?" The Guardian, October 24, 2016, https://
    www.theguardian.com/lifeandstyle/2016/oct/24/period-pain-men-
    struation-cramps-dysmenorrhea.

11 Dawn Connelly, "Three Decades of Viagra," Pharmaceutical Journal, May
    25, 2017, https://pharmaceutical-journal.com/article/infographics/
    three-decades-of-viagra#:~:text=Sildenafil%20(Viagra)%20—%20
    the%20first,pharmacy%20medicine%20in%20the%20UK.

    "Why Are Men's Health Drugs So Expensive?" Northwest Pharmacy, Au-
    gust 20, 2020, https://www.northwestpharmacy.com/special-fea-
    tures/why-are-mens-health-drugs-so-expensive.aspx.

no.11 사회는 남자의 쾌락이 성관계의 목표이자 일순위라고 가르친다

1 Laurie Mintz, "Birds, Bees, and Bullshit: How Female Anatomy&Orgasms
   Are Ignored in Sex Ed," personal blog, updated December 2, 2020,
   https://www.drlauriemintz.com/post/birds-bees-and-bullshit-how-fe-
   male-anatomy-orgasm-is-ignored-in-sex-ed.

   Natalie Blanton, "Why Sex Education in the United States Needs an Update
   and How to Do It," Scholars Strategy Network, October 10, 2019,
   https://scholars.org/contribution/why-sex-education-united-states-
   needs-update-and-how-do-it.

   "America's Sex Education: How We Are Failing Our Students," Department
   of Nursing blog, School of Social Work, University of Southern Califor-
   nia, September 18, 2017, https://nursing.usc.edu/blog/ameri-
   cas-sex-education/.

   Diana Spechler, "This Sex Educator Was Not Allowed to Say 'Clitoris' in the
   Classroom," Vice, October 5, 2017, https://www.vice.com/en/article/
   yw3k7g/this-sex-educator-was-not-allowed-to-say-clitoris-in-the-
   classroom.

2 Adrienne Santos-Longhurst, "How Long Should Sex Really Last?" Health-
   line, medically reviewed by Janet Brito, January 28, 2019, https://
   www.healthline.com/health/healthy-sex/how-long-should-sex-last.

   Paisley Gilmour, "Why Sex Shouldn't Automatically End When a Guy Ejacu-
   lates," March 21, 2018, Cosmopolitan, https://www.cosmopolitan.
   com/uk/love-sex/sex/a13132094/when-does-sex-end/.

"Good Sexual Intercourse Lasts Minutes, Not Hours, Therapists Say," Penn State University, March 31, 2008, https://www.psu.edu/news/research/story/good-sexual-intercourse-lasts-minutes-not-hours-therapists-say/.

3   Laurie Mintz, May 20, 2021 Tweet, https://twitter.com/drlauriemintz/status/1395344031924817923.

Bobbie Box, "How Many Women Get Off from Solo Sex?" Bustle, February 19, 2016, https://www.bustle.com/articles/141282-this-is-how-many-women-orgasm-from-masturbating.

Mahar, Elizabeth A., Laurie B. Mintz, and Brianna M. Akers. "Orgasm equality: Scientific findings and societal implications." *Current Sexual Health Reports* 12, no. 1(2020): 24–32. doi.org/10.1007/s11930-020-00237-9.

Armstrong, Elizabeth A., Paula England, and Alison CK Fogarty. "Accounting for women's orgasm and sexual enjoyment in college hookups and relationships." *American Sociological Review* 77, no. 3 (2012): 435–462. doi.org/10.1177/0003122412445802.

no.12   여자는 쾌락을 느끼지 않고도 임신할 수 있다

1   Mayo Clinic staff, "Dry Orgasm," Mayo Clinic, September 1, 2020, https://www.mayoclinic.org/symptoms/dry-orgasm/basics/definition/sym-20050906.

Jon Johnson, "What to Know About Dry Orgasms," Medical News Today, medically reviewed by Janet Brito, July 16, 2019, https://www.medicalnewstoday.com/articles/325757#genetic-abnormalities.

2   Merriam-Webster.com Dictionary, s.v. "ejaculate," accessed October 2, 2022, https://www.merriam-webster.com/dictionary/ejaculate.

3   Katie Dupois, "Do Orgasms Help You Get Pregnant?" *Today's Parent*, May 22, 2018, https://www.todaysparent.com/getting-pregnant/trying-to-conceive/do-orgasms-help-you-get-pregnant/.

Michele Gilling-Ulph, "Do You Need an Orgasm to Conceive?" The Agora, January 11, 2020, https://agoraclinic.co.uk/you-need-an-orgasm-to-conceive/.

4   Nicola Davis, "Mystery of the Female Orgasm May Be Solved," *The Guardian*, August 1, 2016, https://www.theguardian.com/society/2016/aug/01/mystery-of-the-female-orgasm-may-be-solved.

Isobel Whitcomb, "Why Do Women Have Orgasms?" Live Science, February 17, 2020, https://www.livescience.com/female-orgasm-mystery.html.

Pavličev, Mihaela, and Günter Wagner. "The evolutionary origin of female orgasm." *Journal of Experimental Zoology Part B: Molecular and Developmental Evolution* 326, no. 6 (2016): 326–337. doi.org/10.1002/jez.b.22690.

5   James Roland, "What Causes Semen Leakage and How to Treat It," Health-
        line, medically reviewed by Judith Marcin, updated May 4, 2018,
        https://www.healthline.com/health/mens-health/semen-leakage#-
        causes.
    "What is Pre-Ejaculatory Fluid (Also Known as Pre-Cum), and Can It Cause
        Pregnancy?" International Planned Parenthood Federation blog, Feb-
        ruary 13, 2019, https://www.ippf.org/blogs/what-pre-ejaculatory-flu-
        id-also-known-pre-cum-and-can-it-cause-pregnancy.
6   Kelly, Maire C. "Pre-ejaculate fluid in the context of sexual assault: A re-
        view of the literature from a clinical forensic medicine perspective."
        Forensic Science International 318 (2021): 110596. doi.org/10.1016/j.
        forsciint.2020.110596.
    Killick, Stephen R., Christine Leary, James Trussell, and Katherine A. Guth-
        rie. "Sperm content of pre-ejaculatory fluid." Human Fertility 14, no. 1
        (2011): 48-52. doi.org/10.3109/14647273.2010.520798.
7   Parang Mehta, "What Is Pre-Ejaculate?" WebMD, medically reviewed by
        Dany Paul Baby, April 21, 2022, https://www.webmd.com/men/what-
        is-pre-ejaculate.
    Annamarya Scaccia, "Can you Get Pregnant from Pre-Cum? What to Ex-
        pect," Healthline, medically reviewed by Stacy A. Henigsman, updated
        on September 19, 2022, https://www.healthline.com/health/healthy-
        sex/can-you-get-pregnant-from-precum#when-does-pre-cum-hap-
        pen.
    Emily Shiffer, "These Are Your Real Chances of Getting Pregnant from Pre-
        Cum," Parents, updated July 25, 2022, https://www.parents.com/get-
        ting-pregnant/chances-of-getting-pregnant-from-precum/.
8   Killick, Stephen R., Christine Leary, James Trussell, and Katherine A. Guth-
        rie. "Sperm content of pre-ejaculatory fluid." Human Fertility 14, no. 1
        (2011): 48-52. doi.org/10.3109/14647273.2010.520798.
    Parang Mehta, "What Is Pre-Ejaculate?" WebMD, medically reviewed by
        Dany Paul Baby, April 21, 2022, https://www.webmd.com/men/what-
        is-pre-ejaculate.

no.13   모든 원치 않는 임신의 원인은 남자다
1   The Law Dictionary Online, Featuring Black's Law Dictionary, 2nd ed., s.v.
        "penetration," accessed October 1, 2022, https://thelawdictionary.org/
        penetration/.
    The Free Dictionary Online, s.v. "sexual penetration," accessed October 1,
        2022, https://medical-dictionary.thefreedictionary.com/sexual+pene-
        tration.

no.14 사람들은 여자에게 자신의 몸뿐만 아니라 남자의 몸까지 책임지기를 기대한다

1 "HIV and STD Criminalization Laws," Centers for Disease Control and Prevention, last reviewed September 23, 2022, https://www.cdc.gov/hiv/policies/law/states/exposure.html.

Richard Rathke, "Can You Sue a Partner for Infecting You with an STD?" LegalMatch, updated February 10, 2022, https://www.legalmatch.com/law-library/article/can-you-sue-a-partner-for-infecting-you-with-an-std.html.

Public Health Law Research, Temple University, with CDC Division of STD Prevention, "State Statutes Explicitly Related to Sexually Transmitted Diseases in the United States, 2013," June 5, 2014, https://www.cdc.gov/std/program/final-std-statutesall-states-5june-2014.pdf.

2 Joseph, K. S., Amélie Boutin, Sarka Lisonkova, Giulia M. Muraca, Neda Razaz, Sid John, Azar Mehrabadi, Yasser Sabr, Cande V. Ananth, and Enrique Schisterman. "Maternal mortality in the United States: Recent trends, current status, and future considerations." *Obstetrics&Gynecology* 137, no. 5 (2021): 763. doi.org/10.1097/AOG.0000000000004361.

Declercq, Eugene, and Laurie Zephyrin. "Maternal mortality in the United States: A primer." Commonwealth Fund (2020). https://www.commonwealthfund.org/sites/default/files/2020-12/Declercq_maternal_mortality_primer_db.pdf.

3 Chandra C. Shenoy, "Secondary Infertility: Why Does It Happen?" Mayo Clinic, February 24, 2022, https://www.mayoclinic.org/diseases-conditions/infertility/expert-answers/secondary-infertility/faq-20058272.

Anne Miller, "What Causes Secondary Infertility?" *New York Times*, April 15, 2020, https://www.nytimes.com /2020/04/15/parenting/fertility/secondary-infertility-causes.html.

4 Neiger, Ran. "Long-term effects of pregnancy complications on maternal health: A review." *Journal of Clinical Medicine* 6, no. 8 (2017): 76. https://pubmed.ncbi.nlm.nih.gov/28749442/.

Bonnie Schiedel, "17 Mind-Blowing Ways Your Body Changes After Giving Birth," *Today's Parent*, May 9, 2018, https://www.todaysparent.com/baby/postpartum-care/mind-blowing-ways-your-body-changes-after-giving-birth/.

Lauren Bavis, "'4th Trimester' Problems Can Have Long-Term Effects on a Mom's Health," Shots, Health News from NPR, NPR, January 24, 2019, https://www.npr.org/sections/health-shots/2019/01/24/686790727/fourth-trimester-problems-can-have-long-term-effects-on-a-moms-health.

5 Barton, Katherine, Maggie Redshaw, Maria A. Quigley, and Claire Carson. "Unplanned pregnancy and subsequent psychological distress in partnered women: A cross-sectional study of the role of relationship qual-

ity and wider social support." *BMC Pregnancy and Childbirth* 17, no. 1(2017): 1–9. doi.org/10.1186/s12884-017-1223-x.

Yazdkhasti, Mansureh, Abolghasem Pourreza, Arezoo Pirak, and A. B. D. I. Fatemeh. "Unintended pregnancy and its adverse social and economic consequences on health system: A narrative review article." *Iranian Journal of Public Health* 44, no. 1 (2015): 12. https://www.ncbi.nlm. nih.gov/pmc/articles/PMC4449999/.

Finer, Lawrence B., and Mia R. Zolna. "Unintended pregnancy in the United States: Incidence and disparities, 2006." *Contraception* 84, no. 5 (2011): 478–485. doi.org/10.1016/j.contraception.2011.07.013.

Emily M. Johnston, Brigette Courtot, Jacob Fass, Sarah Benatar, Adele Shartzer, Genevieve M. Kenney, "Prevalence and Perceptions of Un-planned Births," The Urban Institute, March, 2017, https://www.urban. org/sites/default/files/publication/88801/prevalence_and_percep-tions_of_unplanned_births.pdf.

no.17   남녀 간의 불평등한 권력 관계는 실재하고 이는 순식간에 폭력으로 이어질 수 있다

1   Philip Cohen, "America Is Still a Patriarchy," *The Atlantic*, November 19, 2012, https://www.theatlantic.com/sexes/archive/2012/11/ameri-ca-is-still-a-patriarchy/265428/.

Everett, Bethany G., Aubrey Limburg, Patricia Homan, and Morgan M. Phil-bin. "Structural heteropatriarchy and birth outcomes in the United States." *Demography* 59, no. 1 (2022): 89–110. doi.org/10.1215/007 03370-9606030.

Ortner, Sherry B. "Patriarchy." *Feminist Anthropology*, March 28, 2022. https://doi.org/10.1002/fea2.12081.

2   Office on Women's Health, "Sexual Coercion," US Department of Health&Human Services, medically reviewed by Kathleen C. Basile, Kathryn Jones, Sharon G. Smith, and the Rape, Abuse&Incest National Network (RAINN) staff, updated February 15, 2021, https://www.wom-enshealth.gov/relationships-and-safety/other-types/sexual-coercion.

25 CFR § 11.407—Sexual Assault, Electronic Code of Federal Regulations, Legal Information Institute, Cornell Law School, accessed October 1, 2022, https://www.law.cornell.edu/cfr/text/25/11.407.

The Florida Legislature, Title XLVI Crimes, Chapter 794, Sexual Battery, ac-cessed October 1, 2022, http://www.leg.state.fl.us/statutes/index. cfm?App_mode=Display_Statute &URL=0700-0799/0794/Sec-tions/0794.011.html.

3   Joe Hernandez, "California is the 1st State to Ban 'Stealthing,' Nonconsen-sual Condom Removal," NPR, October 7, 2021, https://www.npr. org/2021/10/07/1040160313/california-stealthing-nonconsensu-al-condom-removal.

Isabella Grullón Paz, "California Makes 'Stealthing,' or Removing Condom Without Consent, Illegal," New York Times, October 8, 2021, https://www.nytimes.com/2021/10/08/us/stealthing-illegal-california.html.

Anne Branigin, "Condom 'Stealthing' Is Sexual Violence. Here's What to Know," Washington Post, June 15, 2022, https://www.washington-post.com/nation/2022/06/15/condom-stealthing-bill-congress/.

4   Abbey, Antonia, Sheri E. Pegram, Jacqueline Woerner, and Rhiana Wegner. "Men's responses to women's sexual refusals: Development and construct validity of a virtual dating simulation of sexual aggression." Psychology of Violence 8, no. 1 (2018): 87. doi.org/10.1037/vio0000078.

Rakovec-Felser, Zlatka. "Domestic violence and abuse in intimate relationship from public health perspective." Health Psychology Research 2, no. 3 (2014). doi.org/10.4081 /hpr.2014.1821.

5   Hong, Luoluo. "Toward a transformed approach to prevention: Breaking the link between masculinity and violence." Journal of American College Health 48, no. 6(2000): 269-279. doi.org/10.1080/07448480009596 268.

McKenzie, Sarah K., Sunny Collings, Gabrielle Jenkin, and Jo River. "Masculinity, social connectedness, and mental health: Men's diverse patterns of practice." American Journal of Men's Health 12, no. 5 (2018): 1247-1261. doi.org/10.1177/1557988318772732.

6   Matt Brzycki, "Gender Differences in Strength: A Comparison of Male and Female World-Record Performances in Powerlifting," Princeton University, accessed October 1, 2022, https://scholar.princeton.edu/sites/default/files/brzycki/files/mb-2002-01.pdf.

Paul Gabrielsen, "Why Males Pack a Powerful Punch," University of Utah, Science Daily, February 5, 2020, https://www.sciencedaily.com/releases/2020/02/200205132404.htm.

7   Murphy-Oikonen, Jodie, Karen McQueen, Ainsley Miller, Lori Chambers, and Alexa Hiebert. "Unfounded sexual assault: Women's experiences of not being believed by the police." Journal of Interpersonal Violence 37, no. 11-12 (2022): NP8916-NP8940. doi.org/10.1177/08862605209 78190.

"Devastatingly Pervasive: 1 in 3 Women Globally Experience Violence," WHO, March 9, 2021, https://www.who.int/news/item/09-03-2021-devastatingly-pervasive-1-in-3-women-globally-experience-violence.

8   "Rape Culture&Statistics," The Order of the White Feather blog, accessed October 1, 2022, https://wearawhitefeather.wordpress.com/survivors/rape-culture-statistics/.

Edwards, Sarah R., Kathryn A. Bradshaw, and Verlin B. Hinsz. "Denying rape but endorsing forceful intercourse: Exploring differences among responders." Violence and Gender 1, no. 4 (2014): 188-193. doi.org/10.1089/vio. 2014.0022.

Graybill, Rhiannon, Meredith Minister, and Beatrice Lawrence. "Sexual Violence in and around the Classroom." *Teaching Theology&Religion* 20, no. 1 (2017): 70–88. doi.org/10.1111/teth.12369.

9   Anna Moore, "The Sexual Assault of Sleeping Women: The Hidden, Horrifying Rape Crisis in Our Bedrooms," *The Guardian*, June 15, 2021, https://www.theguardian.com/society/2021/jun/15/the-sexual-assault-of-sleeping-women-the-hidden-horrifying-crisis-in-britains-bedrooms?CMP=Share_iOSApp_Other.

10 Herbenick, Debby, Lucia Guerra-Reyes, Callie Patterson, Yael R. Rosenstock Gonzalez, Caroline Wagner, and Nelson Zounlome. " 'It was scary, but then it was kind of exciting:' Young women's experiences with choking during sex." *Archives of Sexual Behavior* 51, no. 2 (2022): 1103-1123. https://doi.org/10.1007/s10508-021-02049-x.

Herbenick, Debby, Tsung-chieh Fu, Dubravka Svetina Valdivia, Callie Patterson, Yael Rosenstock Gonzalez, Lucia Guerra-Reyes, Heather Eastman-Mueller, Jonathon Beckmeyer, and Molly Rosenberg. "What is rough sex, who does it, and who likes it? Findings from a probability sample of US undergraduate students." *Archives of Sexual Behavior* 50, no. 3 (2021): 1183-1195. doi.org/10.1007/s10508-021-01917-w.

Alys Harte, "A Man Tried to Choke Me During Sex Without Warning," BBC News, November 28, 2019, https://www.bbc.com/news/uk-50546184.

Lindy Washburn, "Choking and Kink Seen as an 'Acceptable' Part of Teen Sex, But They're Not Without Dangers," NorthJersey.com, updated December 22, 2019, https://www.northjersey.com/story/news/education/2019/12/19/choking-sex-has-become-part-teen-sex-but-not-without-dangers/4355010002/.

11 Lisa Aronson Fontes, "Sexual Coercion in Intimate Relationships: Eight Tactics," DomesticShelters.org, September 27, 2021, https://www.domesticshelters.org/articles/identifying-abuse/sexual-coercion-in-intimate-relationships-eight-tactics.

Rachel Pace, "What is Sexual Coercion?" Marriage.com, updated July 26, 2021, https://www.marriage.com/advice/domestic-violence-and-abuse/what-is-sexual-coercion/.

12 Zeoli, April M., Echo A. Rivera, Cris M. Sullivan, and Sheryl Kubiak. "Post-separation abuse of women and their children: Boundary-setting and family court utilization among victimized mothers." *Journal of Family Violence* 28, no. 6 (2013): 547-560. doi.org/10.1007/s10896-013-9528-7.

Lina Guillen, "Child Custody and Domestic Violence," Divorce.net, NOLO, accessed October 1, 2022, https://www.divorcenet.com/resources/child-custody/child-custody-and-domestic-violence.htm.

13 Subbaraman, Nidhi. "Homicide is a top cause of maternal death in the United States." *Nature* 599, 539-540 (2021). doi.org/10.1038/d41586-021-03392-8.

Wallace, Maeve, Veronica Gillispie-Bell, Kiara Cruz, Kelly Davis, and Dovile Vilda. "Homicide During Pregnancy and the Postpartum Period in the United States, 2018-2019." *Obstetrics&Gynecology* 138, no. 5 (November 2021): 762-769. https://pubmed.ncbi.nlm.nih.gov/34619735/.

Jeff Levine, "No. 1 Cause of Death in Pregnant Women: Murder," WebMD, March 20, 2001, https://www.webmd.com/baby/news/20010320/number-1-cause-of-death-in-pregnant-women-murder.

Brooke Migdon, "Homicide Is a Leading Cause of Death in Pregnant People: Study," Changing America, thehill.com, December 9, 2021, https://the-hill.com/changing-america/respect/equality/585169-homicide-is-a-leading-cause-of-death-in-pregnant-people/.

14 National Center for Injury Prevention and Control, Division of Violence Prevention, "Fast Facts: Preventing Intimate Partner Violence," CDC, November 2, 2021, https://www.cdc.gov/violenceprevention/intimatepartnerviolence/fastfact.html.

"Warning Signs of an Abusive Person," Police Bureau, City of Portland Oregon, accessed October 1, 2022, https://www.portlandoregon.gov/police/article/60653.

Jamie Ducharme, "How to Tell If You're in a Toxic Relationship—And What to Do About It," *Time*, June 5, 2018, https://time.com/5274206/toxic-relationship-signs-help/.

15 Farida D., *The 8th List of Shit That Made Me a Feminist*, self-published, Kindle edition, September 24, 2021, https://www.amazon.com/LIST-SHIT-THAT-MADE-FEMINIST-ebook/dp/B09H4ZRRBK#detailBullets_feature_div.

Niveditha Kalyanaraman, "Why Is Female Pleasure a Taboo?" *Social Issues*, Just for Women, October 5, 2021, https://jfwonline.com/article/why-is-female-pleasure-a-taboo/.

no.19 우리는 임신과 출산에 대해 정직하지 않다

1 Winter, Elizabeth M., Alex Ireland, Natalie Clare Butterfield, Melanie Haffner-Luntzer, Marie-Noelle Horcajada, A. G. Veldhuis-Vlug, Ling Oei, Graziana Colaianni, and Nicolas Bonnet. "Pregnancy and lactation, a challenge for the skeleton." *Endocrine Connections* 9, no. 6 (2020): R143-R157. doi.org/10.1530/EC-20-0055.

"6 Ways Your Body Can Change After Childbirth," Queensland Health, Queensland Government, updated May 31, 2021, https://www.health.qld.gov.au/news-events/news/6-ways-your-body-can-change-after-pregnancy-childbirth-postpartum.

Korin Miller, "Pregnancy Can Permanently Change Your Body," Self, August 2, 2016, https://www.self.com/story/9-ways-pregnancy-can-permanently-change-your-body.

2 Iglesia, Cheryl, and Katelyn R. Smithling. "Pelvic organ prolapse." *American*

Family Physician 96, no. 3 (2017):179–185. PMID: 28762694.

Carolyn Sayre, "I Suffered From Pelvic Organ Prolapse After Childbirth, and Here's How I Learned to Love My Body Again," Self, February 17, 2016, https://www.self.com/story/i-suffered-from-pelvic-organ-prolapse-after-childbirth-and-heres-how-i-learned-to-love-my-body-again.

Cleveland Clinic, "Uterine Prolapse," reviewed September 7, 2022, https://my.clevelandclinic.org/health/diseases/16030-uterine-prolapse.

3   Rachael Rettner, "After Pregnancy, Women Have Bigger Feet," Live Science, March 1, 2013, https://www.livescience.com/27583-foot-size-pregnancy.html.

Heather Hatfield, "6 Post-Pregnancy Body Changes You Didn't Expect," WebMD, reviewed by Roy Benaroch, August 25, 2015, https://www.webmd.com/parenting/baby/features/post-pregnancy-body-changes.

"6 Ways Your Body Can Change After Childbirth," Queensland Health, Queensland Government, updated May 31, 2021, https://www.health.qld.gov.au/news-events/news/6-ways-your-body-can-change-after-pregnancy-childbirth-postpartum.

4   Laura Geggel, Ailsa Harvey, "Body After Birth: 18 Post-Pregnancy Changes to Look Out For," Live Science, February 22, 2022, https://www.livescience.com/63291-post-pregnancy-changes.html.

Anahad O'Connor, "The Claim: Gain a Child, Lose a Tooth," *New York Times*, April 24, 2007, https://www.nytimes.com/2007/04/24/health/24real.html.

Gabel, Frank, Hendrik Jürges, Kai E. Kruk, and Stefan Listl. "Gain a child, lose a tooth? Using natural experiments to distinguish between fact and fiction." *J Epidemiol Community Health* 72, no. 6 (2018): 552–556. dx.doi.org/10.1136/jech-2017-210210.

5   "탈모"에 관해서는 다음을 참조. Heather Hatfield, "6 Post-Pregnancy Body Changes You Didn't Expect," WebMD, reviewed by Roy Benaroch, August 25, 2015, https://www.webmd.com/parenting/baby/features/post-pregnancy-body-changes.

"꼬리뼈 손상"에 관해서는 다음을 참조. Maigne, Jean-Yves, Levon Doursounian, and Frédéric Jacquot. "Classification of fractures of the coccyx from a series of 104 patients." *European Spine Journal* 29, no. 10 (2020): 2534–2542. doi.org/10.1007/s00586-019-06188-7.

Kaushal, Rishi, Arun Bhanot, Shalini Luthra, P. N. Gupta, and Raj Bahadur Sharma. "Intrapartum coccygeal fracture, a cause for postpartum coccydynia: a case report." *Journal of Surgical Orthopaedic Advances* 14, no. 3 (2005): 136-137. PMID: 16216182.

"신장결석"에 관해서는 다음을 참조. Thongprayoon, Charat, Lisa E. Vaughan, Api Chewcharat, Andrea G. Kattah, Felicity T. Enders, Rajiv Kumar, John C. Lieske, Vernon M. Pais, Vesna D. Garovic, and Andrew D. Rule. "Risk of symptomatic kidney stones during and after pregnancy."

American Journal of Kidney Diseases 78, no. 3 (2021): 409-417. doi. org/10.1053/j.ajkd.2021.01.008.

Meher, Shireen, Norma Gibbons, and Ranan DasGupta. "Renal stones in pregnancy." *Obstetric Medicine* 7, no. 3(2014): 103-110. doi. org/10.1177/1753495X14538422.

Lee, Noel M., and Sumona Saha. "Nausea and vomiting of pregnancy." *Gastroenterology Clinics* 40, no. 2 (2011): 309-334. doi.org/10.1016/ j.gtc.2011.03.009.

"극도의 메스꺼움과 구토로 인한 식도 손상"에 관해서는 다음을 참조. Patricia Waldron, "Hyperemesis Gravidarum: When Morning Sickness Is So Extreme You Can't Function," *New York Times*, April 17, 2020 (originally published in NYT Parenting, May 14, 2019) https://www.nytimes. com/article/hyperemesis-gravidarum.html.

"금이 갈 정도의 갈비뼈 손상"에 관해서는 다음을 참조. Baitner, Avi C., Adam D. Bernstein, Adele J. Jazrawi, Craig J. Della Valle, and Laith M. Jazrawi. "Spontaneous rib fracture during pregnancy. A case report and review of the literature." *Bulletin* (Hospital for Joint Diseases (New York, NY)) 59, no. 3 (2000): 163-165. PMID: 11126720.

Öztürk, Harika Bodur, Veysel BALCI, and Tayfun BAĞIŞ. "Management of Cough-Induced Rib Fracture at Term Pregnancy: A Case Report." *Acıbadem Üniversitesi Sağlık Bilimleri Dergisi* 1 (2020): 181-182. doi. org/10.31067/0.2020.258.

Julie Sprankles, "How to Deal with Rib pain During Pregnancy, Because Yowch!" ScaryMommy.com, updated, March 8, 2021, https://www.scarymommy.com/rib-pain-during-pregnancy.

"치질"에 관해서는 다음을 참조. Staroselsky, Arthur, Alejandro A. Nava-Ocampo, Sabina Vohra, and Gideon Koren. "Hemorrhoids in pregnancy." *Canadian Family Physician* 54, no. 2 (2008): 189-190. PMID: 18272631.

"Hemorrhoids and What to Do About Them," Harvard Health Publishing, Harvard Medical School, November 16, 2021, https://www.health.harvard.edu/diseases-and-conditions/hemorrhoids_and_what_to_do_ about_them.

Ana Gotter, "What Happens If You Pop a Hemorrhoid?" Healthline, medically reviewed by Judith Marcin, updated July 2, 2019, https://www. healthline.com/health/popping-a-hemorrhoid#takeaway.

6   National Center for Chronic Disease Prevention and Health Promotion, Division for Hearth Disease and Stroke Prevention, "Pregnancy and Stroke: Are You at Risk?" CDC, reviewed April 5, 2022, https://www. cdc.gov/stroke/pregnancy.htm.

Neiger, Ran. "Long-term effects of pregnancy complications on maternal health: A review." *Journal of Clinical Medicine* 6, no. 8 (2017): 76. doi. org/10.3390/jcm6080076.

7   Laura Geggel, Ailsa Harvey, "Body After Birth: 18 Post-Pregnancy Changes

to Look Out For," Live Science, February 22, 2022, https://www.live-science.com/63291-post-pregnancy-changes.html.

Ashley Marcin, "Pregnancy Incontinence: What Happens and What to Do," Healthline, medically reviewed by Michael Weber, February 22, 2017, https://www.healthline.com/health/pregnancy/urinary-incontinence#-causes.

Ana Nowogrodzki, "Postpartum Body Changes You Should Know About," *New York Times*, April 17, 2020 (originally published in *NYT Parenting*, May 14, 2019), https://www.nytimes.com/article/postpartum-body.html.

Cleveland Clinic, "Pregnancy and Bladder Control," reviewed June 11, 2020, https://my.clevelandclinic.org/health/articles/16094-pregnancy-and-bladder-control.

8 "알레르기"에 관해서는 다음을 참조. Pali-Schöll, Isabella, Jennifer Namazy, and Erika Jensen-Jarolim. "Allergic diseases and asthma in pregnancy, a secondary publication." *World Allergy Organization Journal* 10 (2017): 10. doi.org/10.1186/s40413-017-0141-8.

Caroline Silver, "Did Pregnancy Cause My Allergies?" Parents, June 30, 2021, https://www.parents.com/health/allergies/did-pregnancy-cause-my-allergies/.

"Pregnancy and Allergies," Allergy&Asthma Network, accessed October 2, 2022, https://allergyasthmanetwork.org/allergies/pregnancy-allergies/.

"우울증"에 관해서는 다음을 참조. Stewart, Donna E. "Depression during pregnancy." *New England Journal of Medicine* 365, no. 17 (2011): 1605-1611, doi.org/10.1056/NEJMcp1102730.

Vigod, Simone N., Claire A. Wilson, and Louise M. Howard. "Depression in pregnancy." *British Medical Journal* 352(2016), doi.org/10.1136/bmj.i1547.

Tara Haelle, "Postpartum Depression Can Be Dangerous. Here's How to Recognize It and Seek Treatment," *New York Times*, April 17, 2020, (originally published in NYT Parenting, May 14, 2019), https://www.nytimes.com/article/postpartum-depression.html.

"담낭 제거 수술"에 관해서는 다음을 참조. Celaj, Stela, and Themistoklis Kourkoumpetis. "Gallstones in Pregnancy." *The Journal of the American Medical Association* 325, no. 23 (2021): 2410. doi.org/10.1001/jama.2021.4502.

American College of Surgeons, "Gallbladder Removal Operation During Pregnancy Associated with Adverse Material Outcomes," Science Daily, February 12, 2019, https://www.sciencedaily.com/releases/2019/02/190212134759.htm.

Julie Sprankles, "How to Deal with Rib Pain During Pregnancy, Because Yowch!" ScaryMommy.com, updated, March 8, 2021, https://www.scarymommy.com/rib-pain-during-pregnancy.

"류머티스성 관절염"에 관해서는 다음을 참조. Qureshi, Sana, Mahsa Kanzali, Syed Farhan Rizvi, Niharika Joolukuntla, and Barry Fomberstein.`Fernández-Ávila, Daniel G., Diana N. Rincón-Riaño, and Juan Martín Gutiérrez. "Onset of rheumatoid arthritis during pregnancy." *Revista Colombiana de Reumatología* (English Edition) 25, no. 2 (2018): 141–145. doi.org/10.1016/j.rcreue.2018.10.001.

Colleen M. Story, "Rheumatoid Arthritis and Pregnancy: What You Need to Know," Healthline, medically reviewed by Nancy Carteron, updated April 2, 2020, https://www.healthline.com/health/rheumatoid-arthritis/pregnancy#triggering-ra.

9   Jain, Smita, Padma Eedarapalli, Pradumna Jamjute, and Robert Sawdy. "Symphysis pubis dysfunction: A practical approach to management." *The Obstetrician&Gynaecologist* 8, no. 3 (2006): 153–158. doi.org/10.1576/toag.8.3.153.27250.

Becky Young, "What is Symphysis Pubis Dysfunction?" Healthline, medically reviewed by Debra Rose Wilson, December 5, 2018, https://www.healthline.com/health/symphisis-pubis-dysfunction#symptoms.

Cleveland Clinic, "Symphysis Pubis Dysfunction," reviewed November 30, 2021, https://my.clevelandclinic.org/health/diseases/22122-symphysis-pubis-dysfunction.

10 Da Mota, Patrícia Gonçalves Fernandes, Augusto Gil Brites Andrade Pascoal, Ana Isabel Andrade Dinis Carita, and Kari Bø. "Prevalence and risk factors of diastasis recti abdominis from late pregnancy to 6 months postpartum, and relationship with lumbo-pelvic pain." *Manual Therapy* 20, no. 1 (2015): 200–205, doi.org/10.1016/j.math.2014.09.002.

Stephanie Siegel, "Abdominal Separation (Diastasis Recti)" WebMD, reviewed by Traci C. Johnson, November 10, 2020, https://www.webmd.com/baby/guide/abdominal-separation-diastasis-recti.

Anastasia Climan, "Diastasis Recti Surgery: Preparation and Recovery," Verywell Health, medically reviewed by Jennifer Schwartz, September 1, 2022, https://www.verywellhealth.com/diastasis-recti-surgery-5092526.

11 Rinker, Brian, Melissa Veneracion, and Catherine P. Walsh. "The effect of breastfeeding on breast aesthetics." *Aesthetic Surgery Journal* 28, no. 5 (2008): 534–537. doi.org/10.1016/j.asj.2008.07.004.

Laura Geggel, Ailsa Harvey, "Body After Birth: 18 Post-Pregnancy Changes to Look Out For," Live Science, February 22, 2022, https://www.livescience.com/63291-post-pregnancy-changes.html#section-7-sagging-breasts.

12 Babb, Malaika, Gideon Koren, and Adrienne Einarson. "Treating pain during pregnancy." *Canadian Family Physician* 56, no. 1 (2010): 25–27. PMID: 20090076.

Shah, Shalini, Esther T. Banh, Katharine Koury, Gaurav Bhatia, Roneeta Nandi, and Padma Gulur. "Pain management in pregnancy: Multimodal approaches." *Pain Research and Treatment* 2015 (2015). doi. org/10.1155/2015/987483.

13 Simmons, Scott W., Neda Taghizadeh, Alicia T. Dennis, Damien Hughes, and Allan M. Cyna. "Combined spinal-epidural versus epidural analgesia in labour." *Cochrane Database of Systematic Reviews* 10 (2012), https:// doi.org /10.1002/14651858.CD003401.pub3.

"FAQS: Epidurals and Spinals During Labor," Brigham and Women's Hospital, accessed October 2, 2022, https://www.brighamandwomens.org/ anesthesiology-and-pain-medicine/pain-free-birthing/epidur- als-and-spinals-faqs.

Rhona Lewis, "How Are a Spinal Block and an Epidural Different?" Healthline, medically reviewed by Carolyn Kay, December 18, 2020, https:// www.healthline.com/health/epidural-vs-spinal#risk.

14 Joseph, K. S., Amélie Boutin, Sarka Lisonkova, Giulia M. Muraca, Neda Razaz, Sid John, Azar Mehrabadi, Yasser Sabr, Cande V. Ananth, and Enrique Schisterman. "Maternal mortality in the United States: recent trends, current status, and future considerations." *Obstetrics&Gynecology* 137, no. 5 (2021): 763. https://pubmed.ncbi.nlm.nih. gov/33831914/.

Declercq, Eugene, and Laurie Zephyrin. "Maternal mortality in the United States: A primer." Commonwealth Fund (2020). https://www.com- monwealthfund.org/sites/default/files/2020-12/Declercq_maternal_ mortality_primer_db.pdf.

Hoyert, Donna L. "Maternal mortality rates in the United States, 2020." NCHS Health E-Stats. (2022). dx.doi.org/10.15620/cdc:113967.

15 National Highway Traffic Safety Administration (NHTSA), "Traffic Safety Facts, 2018 Data: Summary of Motor Vehicle Crashes," November 2020, https://crashstats.nhtsa.dot.gov/Api/Public/ViewPublica- tion/812961.

Insurance Institute for Highway Safety (IIHS), "Fatality Facts 2020: State by State," May 2022, https://www.iihs.org/topics/fatality-statistics/detail/ state-by-state.

Association for Safe International Road Travel (ASIRT), "Road Safety Facts," accessed October 2, 2022, https://www.asirt.org/safe-travel/road- safety-facts/.

16 Hoyert, Donna L. "Maternal mortality rates in the United States, 2020." NCHS Health E-Stats. (2022). dx.doi.org/10.15620/cdc:113967.

Sema Sgaier, Jordan Downey, "What We See in the Shameful Trends on U.S. Maternal Health," *New York Times*, November 17, 2021, https:// www.nytimes.com/interactive/2021/11/17/opinion/maternal-pregnan- cy-health.html.

Katherine Ellison, Nina Martin, "Nearly Dying in Childbirth: Why Preventable Complications Are Growing in U.S.," NPR, December 22, 2017, https://

www.npr.org/2017/12/22/572298802/nearly-dying-in-childbirth-why-preventable-complications-are-growing-in-u-s.

17 Amy Roeder, "America Is Failing Its Black Mothers," *Harvard Public Health* (Magazine of the Harvard T.H. Chan School of Public Health), Winter 2019, https://www.hsph.harvard.edu/magazine/magazine_article/america-is-failing-its-black-mothers/.

Sema Sgaier, Jordan Downey, "What We See in the Shameful Trends on U.S. Maternal Health," *New York Times*, November 17, 2021, https://www.nytimes.com/interactive/2021/11/17/opinion/maternal-pregnancy-health.html.

Fuentes-Afflick, Elena, James M. Perrin, Kelle H. Moley, Ángela Díaz, Marie C. McCormick, and Michael C. Lu. "Optimizing Health and Well-Being for Women and Children: Commentary highlights interventions and recommends key improvements in programs and policies to optimize health and well-being among women and children in the United States." *Health Affairs* 40, no. 2(2021): 212–218, doi.org/10.1377/hlthaff.2020.01504.

18 World Health Organization (WHO), "Maternal Mortality," September 19, 2019, https://www.who.int/news-room/fact-sheets/detail/maternal-mortality.

Max Roser, Hannah Ritchie, "Maternal Mortality,"Our World in Data, accessed October 2, 2022, https://ourworldindata.org/maternal-mortality.

19 "Pregnancy-Related Deaths: Saving Women's Lives Before, During, and After Delivery," Vital Signs, CDC, May 14, 2019, https://www.cdc.gov/vitalsigns/maternal-deaths/index.html.

"Why Pregnancy and Childbirth Kill So Many American Women, Charted," Daily Briefing, Advisory Board, May 8, 2019, https://www.advisory.com/daily-briefing/2019/05/08/maternal-death-report.

20 Katherine Ellison, Nina Martin, "Nearly Dying in Childbirth: Why Preventable Complications Are Growing in U.S.," NPR, December 22, 2017, https://www.npr.org/2017/12/22 /572298802/nearly-dying-in-childbirth-why-preventable-complications-are-growing-in-u-s.

Renee Montagne, "For Every Woman Who Dies in Childbirth in the U.S., 70 More Come Close," NPR, May 10, 2018, https://www.npr.org/2018/05/10/607782992/for-every-woman-who-dies-in-childbirth-in-the-u-s-70-more-come-close.

Fuentes-Afflick, Elena, James M. Perrin, Kelle H. Moley, Ángela Díaz, Marie C. McCormick, and Michael C. Lu. "Optimizing Health and Well-Being for Women and Children: Commentary highlights interventions and recommends key improvements in programs and policies to optimize health and well-being among women and children in the United States." *Health Affairs* 40, no. 2 (2021): 212–218, doi.org/10.1377/hlthaff.2020.01504.

21 Jack Ewing, "United States Is the Richest Country in the World, and It Has the Biggest Wealth Gap," *New York Times*, September 23, 2020, https://www.nytimes.com/2020/09 /23/business/united-states-is-the-richest-country-in-the-world-and-it-has-the-biggest-wealth-gap.html.

"Richest Countries in the World 2022," World Population Review, accessed October 2, 2022, https://worldpopulationreview.com/country-rankings/richest-countries-in-the-world.

22 Declercq, Eugene, and Laurie Zephyrin. "Maternal mortality in the United States: A primer." Commonwealth Fund (2020). https://www.commonwealthfund.org/sites/default/files/2020-12/Declercq_maternal_mortality_primer_db.pdf.

Grodzinsky, Anna, Karen Florio, John A. Spertus, Tara Daming, Laura Schmidt, John Lee, Valerie Rader et al. "Maternal mortality in the United States and the HOPE Registry." *Current Treatment Options in Cardiovascular Medicine* 21, no. 9 (2019): 1-6. doi.org/10.1007/s11936-019-0745-0.

23 U.S. Bureau of Labor Statistics, "Injuries, Illnesses, and Fatalities: Fact Sheet, Police Officers 2018," updated November 8, 2021, https://www.bls.gov/iif/oshwc/cfoi /police-2018.htm.

David Grace, "Being a Police Officer Is Not Even in the Top 10 Most Dangerous Jobs," Medium, June 23, 2020, https://medium.com/technology-taxes-education-columns-by-david-grace/being-a-police-officer-is-not-even-in-the-top-10-most-dangerous-jobs1e985540c38a.

24 Belinda Luscombe, "No, All Those Strollers Aren't Your Imagination. More Women Are Having Children," *Time*, January 19, 2018, https://time.com/5107704/more-women-mothers/.

Claire Cain Miller, "The U.S. Fertility Rate Is Down, Yet More Women Are Mothers," *New York Times*, January 18, 2018, https://www.nytimes.com/2018/01/18/upshot/the-us-fertility-rate-is-down-yet-more-women-are-mothers.html.

25 Anabelle Doliner, "Viral Male TikToker Tries Wearing 'Period Simulator' and Fails Miserably," *Newsweek*, April 21, 2021, https://www.newsweek.com/viral-male-tiktoker-tries-wearing-period-simulator-fails-miserably-1585552.

Brooke Migdon, "Viral video Shows Men Trying on Menstrual Period Simulator—and They Can't Handle It," Changing America, thehill.com, November 11, 2021, https://thehill.com/changing-america/enrichment/arts-culture/581202-viral-video-shows-men-trying-on-a-menstrual-period/.

no.20 양육의 현실적인 난관과 부담은 측량이 불가능하다

1 Claire Cain Miller, "Nearly Half of Men Say They Do Most of the Home Schooling. 3 Percent of Women Agree," *New York Times*, updated May 8, 2020, https://www.nytimes.com/2020/05/06/upshot/pandemic-chores-homeschooling-gender.html.

   Carlson, Daniel L., Richard J. Petts, and Joanna R. Pepin. "Men and women agree: During the COVID-19 pandemic men are doing more at home," Council on Contemporary Families Briefing Paper, 20 May." *Council on Contemporary Families Briefing Paper* 20 (2020), https://sites.utexas.edu/contemporaryfamilies/2020/05/20/covid-couples-division-of-labor/.

2 Wang, W., K. Parker, and P. Taylor. "Breadwinner Moms," *Pew Research Center*, May 29, 2013, https://www.pewresearch.org/social-trends/2013/05/29/breadwinner-moms/.

   Sarah Jane Glynn, "Breadwinning Mothers Continue to Be the U.S. Norm," Center for American Progress (CAP), May 10, 2019, https://www.americanprogress.org/article/breadwinning-mothers-continue-u-s-norm/.

3 Hemant Mehta, " 'Pro-Life' Activist Does Damage Control After Whining About Baby She 'Saved,' " *Friendly Atheist*, Patheos, February 6, 2020, https://friendlyatheist.patheos.com/2020/02/06/pro-life-activist-does-damage-control-after-whining-about-baby-she-saved/.

   Jisha Joseph, "Pro-Lifer Who Talked a Woman Out of Abortion Slammed for Not Taking in the Child Herself," Upworthy, February 6, 2020, https://scoop.upworthy.com/pro-lifer-slammed-talked-woman-out-of-abortion-wont-take-in-child.

4 Jared Ortaliza, Lucas Fox, Gary Claxton, Krutika Amin, "How Does Cost Affect Access to Care?" Peterson-KFF Health Care Tracker, January 14, 2022, https://www.healthsystemtracker.org/chart-collection/cost-affect-access-care/#Percent%20of%20adults%20who%20report%20delaying%20and/or%20going%20without%20medical%20care%20due%20to%20costs,%20by%20race,%202020.

   Johonniuss Chemweno, "The U.S. Healthcare System Is Broken: A National Perspective," Managed Healthcare Executive, July 27, 2021, https://www.managedhealthcareexecutive.com/view/the-u-s-healthcare-system-is-broken-a-national-perspective.

   Maura Hohman, "Why Is Healthcare So Expensive in the United States?" *Today*, updated July 26, 2021, https://www.today.com/tmrw/why-healthcare-so-expensive-united-states-t192119.

5 Jackson Brainerd, "Paid Family Leave in the States," Legis Brief, National Conference of State Legislatures, August 2017, https://www.ncsl.org/research/labor-and-employment/paid-family-leave-in-the-states.aspx.

   Claire Cain Miller, "The World 'Has Found a Way to Do This': The U.S. Lags on Paid Leave," *New York Times*, updated November 3, 2021, https://www.nytimes.com/2021/10/25/upshot/paid-leave-democrats.html.

Ellen Francis, Helier Cheung, Miriam Berger, "How Does the U.S. Compare to Other Countries on Paid Parental Leave? Americans Get 0 Weeks. Estonians Get More Than 80," *Washington Post*, November 11, 2021, https://www.washingtonpost.com/world/2021/11/11/global-paid-parental-leave-us/.

6   Amanda Litvinov, "Public Schools Are Critical Infrastructure That Must Be Rebuilt," *NEA News*, NEA, April 16, 2021, https://www.nea.org/advocating-for-change/new-from-nea/public-schools-are-critical-infrastructure.

Valerie Strauss, "Too Many of America's Public Schools Are Crumbling—Literally. Here's One Plan to Fix Them," *Washington Post*, March 5, 2019, https://www.washingtonpost.com/education/2019/03/05/too-many-americas-public-schools-are-crumbling-literally-heres-one-plan-fix-them/.

Heidi Przybyla, "America's Schools Are Falling into Disrepair, With No Solutions in Sight, Experts Say," NBC News, updated June 2, 2021, https://www.nbcnews.com/news/us-news/america-s-schools-are-falling-disrepair-no-solution-sight-experts-n1269261.

7   Henry J. Aaron, "The Social Safety Net: The Gaps That COVID-19 Spotlights," The Brookings Institution, June 23, 2020, https://www.brookings.edu/blog/up-front/2020/06/23/the-social-safety-net-the-gaps-that-covid-19-spotlights/.

Sarah Minton, Linda Giannarelli, "Five Things You May Not Know About the U.S. Social Safety Net," The Urban Institute, February 2019, https://www.urban.org/sites/default/files/publication/99674/five_things_you_may_not_know_about_the_us_social_safety_net_1.pdf.

Alexandra Cawthorne, Bradley Hardy, Justin Schweitzer, "How Weak Safety Net Policies Exacerbate Regional and Racial Inequality," Center for American Progress (CAP), May 10, 2019, https://www.americanprogress.org/article/weak-safety-net-policies-exacerbate-regional-racial-inequality/.

no.21   임신이 처벌이 되어서는 안 된다

1   Goodwin, Michele. "The pregnancy penalty." Health Matrix 26 (2016): 17. PMID: 27263247.

Ziegler, Mary. "Some Form of Punishment: Penalizing Women for Abortion." Wm.&Mary Bill Rts. J. 26 (2017): 735. https://scholarship.law.wm.edu/wmborj/vol26/iss3/6/.

2   Margot Sanger-Katz, Claire Cain Miller, Quoctrung Bui, "Who Gets Abortions in America?" *New York Times*, December 14, 2021, https://www.nytimes.com/interactive/2021/12/14/upshot/who-gets-abortions-in-

america.html.

Phoebe Zerwick, "The Latest Abortion Statistics and Facts," *Parents*, up-
dated June 24, 2022, https://www.parents.com/parenting/i-m-a-
mom-and-i-had-an-abortion/.

3 Chris Bodenner, " 'I Refuse to Be Burdened with a Child as a Form of Pun-
ishment,' " *The Atlantic*, June 29, 2016, https://www.theatlantic.com/
education/archive/2016/06 /i-refuse-to-be-burdened-with-a-child-
as-a-form-of-punishment/623666/.

"Convention on the Rights of the Child," UNICEF, 1989, accessed October 2,
2022, https://www.unicef.org/child-rights-convention/conven-
tion-text.

4 Brown, Sarah S., and Leon Eisenberg, eds. *The Best Intentions: Unintend-
ed Pregnancy and the Well-Being of Children and Families* (Wash-
ington, DC: National Academies Press, 1995). https://www.ncbi.nlm.
nih.gov/books/NBK232137/?report=reader.

Valeryia Pratasava, "Unwanted Pregnancies: Outcomes for Children," Wom-
en's Health Education (WHEP) blog, Drexel University College of Med-
icine, February 18, 2022, https://drexel.edu/medicine/academics/
womens-health-and-leadership/womens-health-education-program/
whep-blog/unwanted-pregnancies-outcomes-for-children/.

5 Jarvis, Gavin E. "Early embryo mortality in natural human reproduction:
What the data say." *F1000Research* 5 (2016). doi.org/10.12688/
f1000research.8937.2.

A.D.A.M. Medical Encyclopedia, s.v. "Miscarriage," updated by LaQuita
Martinez, reviewed by David Zieve, Brenda Conaway, December 2,
2020, https://medlineplus.gov/ency/article/001488.htm.

National Center on Birth Defects and Developmental Disabilities, Centers
for Disease Control and Prevention, "What Is Stillbirth?" CDC, Novem-
ber 16, 2020, https://www.cdc.gov/ncbddd/stillbirth/facts.html.

Mayo Clinic staff, "Miscarriage," Mayo Clinic, October 16, 2021, https://
www.mayoclinic.org/diseases-conditions/pregnancy-loss-miscar-
riage/symptoms-causes/syc-20354298.

no.22 입양은 임신중단의 대안이 아니다

1 Sisson, Gretchen. " 'Choosing life': Birth mothers on abortion and reproduc-
tive choice." *Women's Health Issues* 25, no. 4 (2015): 349–354. doi.
org/10.1016/j.whi.2015.05.007.

Anna North, "Why Adoption Isn't a Replacement for Abortion Rights," *Vox*,
December 8, 2021, https://www.vox.com/2021/12/8/22822854/
abortion-roe-wade-adoption-supreme-court-barrett.

2 Sisson, Gretchen, Lauren Ralph, Heather Gould, and Diana Greene Foster.
"Adoption decision making among women seeking abortion." *Women's
Health Issues* 27, no. 2 (2017): 136–144. doi.org/10.1016/j.whi.2016.

11.007.

Khazan, Olga, "Why So Many Women Choose Abortion Over Adoption," *The Atlantic*, May 20, 2019, https://www.theatlantic.com/health/archive/2019/05/why-more-women-dont-choose-adoption/589759/.

3   Bitler, Marianne, and Madeline Zavodny. "Did abortion legalization reduce the number of unwanted children? Evidence from adoptions." *Perspectives on Sexual and Reproductive Health* (2002): 25–33. doi.org/10.2307/3030229.

Gretchen Sisson, "Barrett Is Wrong: Adoption doesn't 'Take Care of' the Burden of Motherhood," *Washington Post*, December 3, 2021, https://www.washingtonpost.com/outlook/barrett-is-wrong-adoption-doesnt-take-care-of-the-burden-of-motherhood/2021/12/03/e5bd2f86-53d3-11ec-9267-17ae3bde2f26_story.html.

4   Brodzinsky, David, Megan Gunnar, and Jesus Palacios. "Adoption and trauma: Risks, recovery, and the lived experience of adoption." *Child Abuse&Neglect* 130 (2022): 105309, doi.org/10.1016/j.chiabu.2021.105309.

McSherry, Dominic, and Grainne McAnee. "Exploring the relationship between adoption and psychological trauma for children who are adopted from care: A longitudinal case study perspective." *Child Abuse&Neglect* (2022): 105623, doi.org/10.1016/j.chiabu.2022.105623.

Gretchen Sisson, "Barrett Is Wrong: Adoption Doesn't 'Take Care of' the Burden of Motherhood," *Washington Post*, December 3, 2021, https://www.washingtonpost.com/outlook/barrett-is-wrong-adoption-doesnt-take-care-of-the-burden-of-motherhood/2021/12/03/e5bd2f86-53d3-11ec-9267-17ae3bde2f26_story.html.

Khazan, Olga, "Why So Many Women Choose Abortion Over Adoption," *The Atlantic*, May 20, 2019, https://www.theatlantic.com/health/archive/2019/05/why-more-women-dont-choose-adoption/589759/.

5   Graff, E. J. "The lie we love." *Foreign Policy* 169 (2008): 59–66, https://ez-proxy.bu.edu/login?qurl=https%3A%2F%2Fwww.proquest.com%2Fmagazines%2Flie-we-love%2Fdocview%2F224032888%2Fse-2%3Faccountid%3D9676.

Mark Montgomery, Irene Powell, editor Jennifer Reich, "International Adoptions Have Dropped 72 Percent Since 2005—Here's Why," in *The State of Families* (Routledge: New York, 2020).

Samantha M. Shapiro, "Adoption Moved to Facebook and a War Began," *WIRED*, March 4, 2021, https://www.wired.com/story/adoption-moved-to-facebook-and-a-war-began/.

Off and Running, "Fact Sheet," POV, September 7, 2010, http://archive.pov.org/offandrunning/fact-sheet/.

Tik Root, "The Baby Brokers: Inside America's Murky Private-Adoption Industry,", June 3, 2021, https://time.com/6051811/private-adoption-america/.

6   Findlaw staff, "Adoption Statistics and Legal Trends," Findlaw, updated October 18, 2019, https://www.findlaw.com/family/adoption/adoption-statistics-and-legal-trends.html.

"Interesting Facts About Adoption," North Dakota Post Adopt Network blog, January 5, 2021, http://www.ndpostadopt.org/2021/01/interesting-facts-about-adoption/.

Ann Fessler, *The Girls Who Went Away: The Hidden History of Women Who Surrendered Children for Adoption in the Decades Before* Roe v. Wade (New York: Penguin, 2007).

7   Merritt, Michele. "Rediscovering latent trauma: An adopted adult's perspective." *Child Abuse&Neglect* 130 (2022): 105445. doi.org/10.1016/j.chiabu.2021.105445.

"Understanding adoption: A developmental approach." *Paediatrics&Child Health*. 2001 May-Jun; 6(5): 281-283. doi.org/10.1093/pch/6.5.281.

"Trauma and Infant Adoption," The Center for Youth&Family Solutions, accessed October 2, 2022, https://www.cyfsolutions.org/trauma-infant-adoption/.

Sharon Kaplan Roszia, Allison Davis Maxon, "Seven Core Issues in Adoption and Permanency," Adoptalk 2019, North American Council on Adoptable Children, https://nacac.org/resource/seven-core-issues-in-adoption-and-permanency/.

8   Andrea Ross, "Adoptees Nationwide May Soon Gain Access to Their Original Birth Certificates," The Conversation, November 22, 2022, https://theconversation.com/adoptees-nationwide-may-soon-gain-access-to-their-original-birth-certificates-170165.

Nina Williams-Mbengue, "Adult Adoptee Access to Original Birth Certificates," Legis Brief, National Conference of State Legislatures, June 2016, https://www.ncsl.org/research/human-services/adult-adoptee-access-to-original-birth-certificates.aspx.

9   "ALMA—The Adoptees' Liberty Movement Association (ALMA)," National Center on Adoption and Permanency (NCAP) blog, updated August 31, 2020, https://www.nationalcenteronadoptionandpermanency.net/post/alma-the-adoptees-liberty-movement-association-alma.

"Confidentiality and Sealed Records," The Adoption History Project, updated February 24, 2012, https://pages.uoregon.edu/adoption/topics/confidentiality.htm.

no.23   무책임하게 사정한 남자들은 아무런 뒤탈이 없다

1   Altshuler, Anna L., Brian T. Nguyen, Halley EM Riley, Marilyn L. Tinsley, and Özge Tuncalp. "Male partners' involvement in abortion care: A mixed-methods systematic review." *Perspectives on Sexual and Reproductive Health* 48, no. 4 (2016): 209-219. doi.org/10.1363/

psrh.12000.

Andréa Becker, "Men Have a Lot to Lose When Roe Falls," *New York Times*, May 26, 2022, https://www.nytimes.com/2022/05/26/opinion/men-abortion.html.

Kero, Anneli, Ann Lalos, U. Hogberg, and Lars Jacobsson. "The male partner involved in legal abortion." *Human Reproduction* 14, no. 10 (1999): 2669–2675, https://doi.org/10.1093/humrep/14.10.2669.

Holly Honderich, "Why Utah Is Making Men Pay Women's Pregnancy Costs," BBC News, April 7, 2021, https://www.bbc.com/news/world-us-canada-56654289.

2 "What Happens If Child Support Isn't Paid?" Office of Child Support Enforcement (OCSE), Administration for Children&Families (ACF), October 27, 2020, https://www.acf.hhs.gov/css/parents/what-happens-if-child-support-isnt-paid.

Wayne Parker, "What Dads Need to Know About How Child Support Works," Verywell Family, updated May 29, 2020, https://www.verywellfamily.com/what-to-know-about-child-support-1269626#citation-18.

"Citizen's Guide to U.S. Federal Law on Child Support Enforcement," U.S. Department of Justice, updated May 28, 2020, https://www.justice.gov/criminal-ceos/citizens-guide-us-federal-law-child-support-enforcement.

3 Children and Families staff, "Child Support Policies: Implications for Low-Income Fathers and Their Children," National Conference of State Legislatures, January 25, 2021, https://www.ncsl.org/research/human-services/how-child-support-affects-low-income-fathers.aspx.

"What Happens If Child Support Isn't Paid?" Office of Child Support Enforcement (OCSE), Administration for Children&Families (ACF), October 27, 2020, https://www.acf.hhs.gov/css/parents/what-happens-if-child-support-isnt-paid.

"Citizen's Guide to U.S. Federal Law on Child Support Enforcement," U.S. Department of Justice, updated May 28, 2020, https://www.justice.gov/criminal-ceos/citizens-guide-us-federal-law-child-support-enforcement.

Jose Rivera, "Consequences of Not Paying Child Support," LegalMatch, updated April 29, 2021, https://www.legalmatch.com/law-library/article/consequences-of-not-paying-child-support.html.

Ruth Graham, "How 'Deadbeats' Can Still Be Good Dads," *Boston Globe*, December 5, 2014, https://www.bostonglobe.com/ideas/2014/12/05/how-deadbeats-can-still-good-dads/EdiXe3spvu7hSOIhDJXWfJ/story.html.

4 "Monthly Child Support Payments Average $430 per Month in 2010, Census Bureau Reports," press release CB12-109, Newsroom Archive, United States Census, June 19, 2012, https://www.census.gov/news-

room/releases/archives/children/cb12-109.html.

Brandon Carpenter, "Child Support National Average, Texas Lags," ABC-7News, June 19, 2012, https://abc7amarillo.com/news/local/child-support-national-average-texas-lags.

Nathan Arnold, "Dads Represent 85% of Child Support Providers, Pay More Than Female Payers," DadsDivorce. com, accessed October 2, 2022, https://dadsdivorce.com/articles/dads-represent-85-of-child-support-providers-pay-more-than-female-payers/.

5   Ed Leefeldt, "An Estimated $10 Billion in Child Support Payments Going Uncollected," CBS News, March 20, 2019, https://www.cbsnews.com/news/10-billion-in-child-support-payments-going-uncollected-according-to-estimates/.

"44 Percent of Custodial Parents Receive the Full Amount of Child Support Payments," press release CB12-109, Newsroom Archive, United States Census, January 30, 2018, https://www.census.gov/newsroom/press-releases/2018/cb18-tps03.html.

Jennifer Wolf, "U.S. Child Support Statistics," Verywell Family, updated May 14, 2020, https://www.verywellfamily.com/us-child-support-statistics-2997994.

6   Timothy Grall, *Custodial Mothers and Fathers and Their Child Support*, 2015, revised January 2020, U.S. Census Bureau, https://www.census.gov/content/dam/Census/library/publications/2020/demo/p60-262.pdf.

Timothy Grall, *Custodial Mothers and Fathers and Their Child Support: 2017*, issued May 2020, U.S. Census Bureau, https://www.census.gov/content/dam/Census/library/publications/2020/demo/p60-269.pdf.

Mona Chalabi, "Are Moms Less Likely Than Dads to Pay Child Support?" Dear Mona, FiveThirtyEight, February 26, 2015, https://fivethirtyeight.com/features/are-moms-less-likely-than-dads-to-pay-child-support/.

Marija Lazic, "35 Divisive Child Custody Statistics," Legaljobs blog, updated October 22, 2021, https://legaljobs.io/blog/child-custody-statistics/.

7   "Sign Up for, Pay, or Change Your Child Support," Office of Child Support Enforcement (OCSE), Administration for Children&Families (ACF), May 19, 2022, https://www.acf.hhs.gov/css/parents/how-do-you-get-child-support.

Timothy Grall, *Custodial Mothers and Fathers and Their Child Support: 2017*, issued May 2020, U.S. Census Bureau, https://www.census.gov/content/dam/Census/library/publications/2020/demo/p60-269.pdf.

Jeremy Vohwinkle, "How to Collect Child Support," The Balance, updated January 14, 2022, https://www.thebalance.com/how-to-collect-child-support-1289811.

American Bar Association (ABA) web staff, "Paternity," Military Veterans' Center, American Bar Association, December 3, 2020, https://www.americanbar.org/groups/legal_services/milvets/aba_home_front/information_center/family_law/children/paternity/.

Melissa Heinig, "Paternity Issues and Child Support," NOLO, accessed October 2, 2022, https://www.nolo.com/legal-encyclopedia/paternity-issues-child-support-29847.html.

8 "Monthly Child Support Payments Average $430 per Month in 2010, Census Bureau Reports," press release CB12-109, Newsroom Archive, United States Census, June 19, 2012, https://www.census.gov/newsroom/releases/archives/children/cb12-109.html.

Maryalene LaPonsie, "How Much Does It Cost to Raise a Child?" *U.S. News&World Report*, September 7, 2022, https://money.usnews.com/money/personal-finance/articles/how-much-does-it-cost-to-raise-a-child.

Mark Lino, "The Cost of Raising a Child," U.S. Department of Agriculture blog, updated March 8, 2017, https://www.usda.gov/media/blog/2017/01/13/cost-raising-child.

9 Holly Honderich, "Why Utah Is Making Men Pay Women's Pregnancy Costs," BBC News, April 7, 2021, https://www.bbc.com/news/world-us-canada-56654289.

Melissa Heinig, "Paternity Issues and Child Support," NOLO, accessed October 2, 2022, https://www.nolo.com/legal-encyclopedia/paternity-issues-child-support-29847.html.

10 Margaret Reiter, "Will Unpaid Child Support Appear on My Credit Report?" NOLO, accessed October 2, 2022, https://www.nolo.com/legal-encyclopedia/will-unpaid-child-support-appear-credit-report.html.

Jose Rivera, "Can Unpaid Child Support Afffect My Credit?" LegalMatch, updated July 9, 2020, https://www.legalmatch.com/law-library/article/unpaid-child-support-affecting-credit.html.

11 Rachel Treisman, "Utah Law Requires Biological Fathers to Pay Half of Pregnancy-Related Medical Costs," NPR, April 7, 2021, https://www.npr.org/2021/04/07/985089967/utah-law-requires-biological-fathers-to-pay-half-of-pregnancy-related-medical-co.

Michigan Legislature, The Paternity Act (Excerpt), Act 205 of 1956, Section 722.712, https://www.legislature.mi.gov/(S(k45avovdb3x01qnushq5asqw))/mileg.aspx?page=GetObject&objectname=mcl-722-712.

Mary Stearns-Montgomery, "Birth Delivery Expenses: Finding Out You're a Father," Stearns-Montgomery&Proctor blog, April 21, 2015, https://stearns-law.com/blog/fathers-rights/birth-delivery-expenses-finding-out-you-re-a-father/.

12 "The Rights of Unmarried Fathers," State Statutes, Current Through August 2017, Child Welfare Information Gateway, accessed October 2, 2022, https://www.childwelfare.gov/pubpdfs/putative.pdf.

Michigan Legislature, The Paternity Act (Excerpt), Act 205 of 1956, Section 722.712, https://www.legislature.mi.gov/(S(k45avovdb3x01qnushq5a-sqw))/mileg.aspx?page=Get Object&objectname=mcl-722-712.

13 Battle, Brittany Pearl. "Deservingness, deadbeat dads, and responsible fatherhood: Child support policy and rhetorical conceptualizations of poverty, welfare, and the family." *Symbolic Interaction* 41, no. 4 (2018): 443-464, https://doi.org/10.1002/symb.359.

Teri Carter, "Men Who Impregnate Women Don't Face Any Consequences in the New Abortion Laws," *Washington Post*, May 21, 2019, https://www.washingtonpost.com/outlook/2019/05/21/men-who-impregnate-women-dont-face-any-consequences-new-abortion-laws/.

Catherine Deveny, "Financial Abortion: Should Men Be Able to 'Opt Out' of Parenthood?" ABC News Australia, updated December 18, 2016, https://www.abc.net.au/news/2016-12-04/financial-abortion-men-opt-out- parenthood/8049576.

Belinda Luscombe, "How Deadbeat Are Deadbeat Dads, Really?" *Time*, June 15, 2015, https://time.com/3921605/deadbeat-dads/.

no.25 남자들은 자신의 몸과 성욕을 생각보다 잘 제어할 수 있다

1 Scotty Hendricks, "Why Living in a Matriarchal Society Is Better for Women's Health," World Economic Forum, February 11, 2021, https://www.weforum.org/agenda/2021/02/women-matriarchal-society-improved-health-patriarchy.

Benjamin Elisha Sawe, "Matriarchal Societies Around the World," World Atlas, January 9, 2019, https://www.world atlas.com/articles/matriarchal-societies-around-the-world .html.

no.26 남자들은 임신중단을 손쉽게 예방할 수 있으면서도 그렇게 하지 않는 쪽을 택한다

1 Jocelyn Solis-Moreira, "When Is Abortion Considered Medically Necessary?" Health, updated June 24, 2022, https://www.health.com/news/abortion-medically-necessary.

Krissi Danielsson, "Terminating a Desired Pregnancy for Medical Reasons or Poor Prognosis," Verywell Family, medically reviewed by Brian Levine, updated June 24, 2022, https://www.verywellfamily.com/termination-of-a-desired-pregnancy-for-medical-reasons-2371777.

Linton, Paul Benjamin. "Medical Emergency Exceptions in State Abortion Statutes: The Statistical Record." *Issues L.&Med.* 31 (2016): 29. PMID: 27323547.

2 Matthew B. Barry, "Abortion at or Over 20 Weeks' Gestation: Frequently Asked Questions," Congressional Research Service, April 30, 2018, https://sgp.fas.org/crs/misc/R45161.pdf.

"Abortions Later in Pregnancy," Women's Health Policy, KFF, December 5, 2019, https://www.kff.org/womens-health-policy/fact-sheet/abortions-later-in-pregnancy/.

Florida Agency for Health Care Administration (AHCA), "Reported Induced Terminations of Pregnancy (ITOP) by Reason, by Trimester," November 1, 2020, https://ahca.myflorida.com/MCHQ/Central_Services/Training_Support/docs/TrimesterByReason_2018.pdf.

3 Dobbs v. Jackson, 597 U.S. ___ (2022), https://www.supreme court.gov/opinions/21pdf/19-1392_6j37.pdf.

"Dobbs v. Jackson Decision, Annotated," *New York Times*, June 24, 2022, https://www.nytimes.com/interactive/2022/06/24/us/politics/supreme-court-dobbs-jackson-analysis-roe-wade.html.

Editors of Encyclopedia Britannica, s.v. "*Roe v. Wade*, law case, 1973-2022," https://www.britannica.com/event/Roe-v-Wade.

no.27 우리는 어떻게 해야 하는지 알고 있다

1 Isabel V. Sawhill, Katherine Guyot, "Preventing Unplanned Pregnancy: Lessons from the States," The Brookings Institution, June 24, 2019, https://www.brookings.edu/research/preventing-unplanned-pregnancy-lessons-from-the-states/.

Katherine Harmon, "Free Birth Control Access Can Reduce Abortion Rate by More Than Half," Observations blog, Scientific American, October 4, 2012, https://blogs.scientificamerican.com/observations/free-birth-control-access-can-reduce-abortion-rate-by-more-than-half/.

Joerg Dreweke, "New Clarity for the U.S. Abortion Debate: A Steep Drop in Unintended Pregnancy Is Driving Recent Abortion Declines," Guttmacher Policy Review, March 18, 2016, https://www.guttmacher.org/gpr/2016/03/new-clarity-us-abortion-debate-steep-drop-unintended-pregnancy-driving-recent-abortion.

Population Reference Bureau, "Reducing Unintended Pregnancy and Unsafely Performed Abortion Through Contraceptive Use," PRB Resource Library, September 14, 2009, https://www.prb.org/resources/reducing-unintended-pregnancy-and-unsafely-performed-abortion-through-contraceptive-use/.

2 Maggie Koerth, Amelia Thomson-DeVeaux, "Better Birth Control Hasn't Made Abortion Obsolete," FiveThirtyEight, May 19, 2022, https://fivethirtyeight.com/features/better-birth-control-hasnt-made-abortion-obsolete/.

Bearak, Jonathan Marc, Anna Popinchalk, Cynthia Beavin, Bela Ganatra, Ann-Beth Moller, Özge Tunçalp, and Leontine Alkema. "Country-specific estimates of unintended pregnancy and abortion incidence: A global comparative analysis of levels in 2015-2019." *BMJ Global Health* 7, no. 3 (2022): e007151. dx.doi.org/10.1136/bmjgh-2021-

007151.

3   Jennifer Brown, "Colorado Abortion Rates Keep Declining. Free IUDs and Easier Access to the Pill Are the Reason," *Colorado Sun*, October 21, 2019, https://coloradosun.com/2019/10/21/colorado-abortion-rates-keep-declining-free-iuds-and-easier-access-to-the-pill-are-the-reason/.

Sabrina Tavernise, "Colorado's Effort Against Teenage Pregnancies Is a Startling Success," *New York Times*, July 5, 2015, https://www.nytimes.com/2015/07/06/science/colorados-push-against-teenage-pregnancies-is-a-startling-success.html.

Tina Griego, "The Simple Policy That Led to America's Biggest Drop in Teen Birth Rates," *Washington Post*, August 20, 2014, https://www.washingtonpost.com/news/storyline/wp/2014/08/20/the-simple-policy-that-led-americas-biggest-drop-in-teen-pregnancies/.

Nadja Popovich, "Colorado Contraception Program Was a Huge Success—But the GOP Is Scrapping It," *The Guardian*, May 6, 2015, https://www.theguardian.com/us-news/2015/may/06/colorado-contraception-family-planning-republicans.

McNicholas, Colleen, Madden Tessa, Gina Secura, and Jeffrey F. Peipert. "The contraceptive CHOICE project round up: What we did and what we learned." *Clinical Obstetrics and Gynecology* 57, no. 4 (2014): 635. doi.org/10.1097/GRF.0000000000000070.

4   Sabrina Tavernise, "Colorado's Effort Against Teenage Pregnancies Is a Startling Success," *New York Times*, July 5, 2015, https://www.nytimes.com/2015/07/06/science/colorados-push-against-teenage-pregnancies-is-a-startling-success.html.

Lisa Wirthman, "White House Rolls Back Birth Control Coverage," 5280, October 6, 2017, https://www.5280.com/white-house-rolls-back-birth-control-coverage/.

5   Justin Lehmiller, "Why Teens Have Better Sexual Health in the Netherlands Than in the U.S.," Sex and Psychology blog, May 19, 2017, https://www.sexandpsychology.com/blog/2017/5/19/why-teens-have-better-sexual-health-in-the-netherlands-than-the-us/.

Anna Katz, "Sex Ed Goes Global: The Netherlands," The Center for Global Reproductive Health, Duke University, July 19, 2018, https://dukecenterforglobalreproductivehealth.org/2018/07/19/sex-ed-goes-global-the-netherlands/.

Bonnie J. Rough, "How the Dutch Do Sex Ed," *The Atlantic*, August 27, 2018, https://www.theatlantic.com/family/archive/2018/08/the-benefits-of-starting-sex-ed-at-age-4/568225/.

"Reducing Teenage Pregnancy," Planned Parenthood, updated June 2014, https://www.plannedparenthood.org/uploads/filer_public/94/d7/94d748c6-5be0-4765-9d38-b1b90d16a254/reducing_teen_pregnancy.pdf.

6   Justin Lehmiller, "Why Teens Have Better Sexual Health in the Netherlands Than in the U.S.," Sex and Psychology blog, May 19, 2017, https://www.sexandpsychology.com/blog/2017/5/19/why-teens-have-better-sexual-health-in-the-netherlands-than-the-us/.

Justin Lehmiller, "Infographic: The State of Sex Education in the U.S. in 2017," Sex and Psychology blog, February 8, 2017, https://www.sexandpsychology.com/blog/2017/02/08/infographic-the-state-of-sex-education-in-the-us-in-2017/.

"Reducing Teenage Pregnancy," Planned Parenthood, updated June 2014, https://www.plannedparenthood.org/uploads/filer_public/94/d7/94d748c6-5be0-4765-9d38-b1b90d16a254/reducing_teen_pregnancy.pdf.

7   Bonnie J. Rough, "How the Dutch Do Sex Ed," The Atlantic, August 27, 2018, https://www.theatlantic.com/family/archive/2018/08/the-benefits-of-starting-sex-ed-at-age-4/568225/.

Justin Lehmiller, "Why Teens Have Better Sexual Health in the Netherlands Than in the U.S.," Sex and Psychology blog, May 19, 2017, https://www.sexandpsychology.com/blog/2017/5/19/why-teens-have-better-sexual-health-in-the-netherlands-than-the-us/.

8   "Sex and HIV Education," Guttmacher Institute, September 1, 2022, https://www.guttmacher.org/state-policy/explore/sex-and-hiv-education.

Justin Lehmiller, "Infographic: The State of Sex Education in the U.S. in 2017," Sex and Psychology blog, February 8, 2017, https://www.sexandpsychology.com/blog/2017/02/08/infographic-the-state-of-sex-education-in-the-us-in-2017/.

Anna Katz, "Sex Ed Goes Global: The Netherlands," The Center for Global Reproductive Health, Duke University, July 19, 2018, https://dukecenterforglobalreproductivehealth.org/2018/07/19/sex-ed-goes-global-the-netherlands/.

9   "Abstinence-Only Education States 2022," World Population Review, accessed October 2, 2022, https://worldpopulationreview.com/state-rankings/abstinence-only-education-states.

"Sex Ed State Law and Policy Chart," SIECUS State Profiles, updated May 2020, https://siecus.org/wp-content/uploads/2020/05/SIECUS-2020-Sex-Ed-State-Law-and-Policy-Chart_May-2020-3.pdf.

10 Kalyn Belsha, " 'Am I Not Allowed to Mention Myself?' Schools Grapple with Restrictions on Teaching About Gender and Sexuality," Chalkbeat, April 12, 2022, https://www.chalkbeat.org/2022/4/12/23022356/teaching-restrictions-gender-identity-sexual-orientation-lgbtq-issues-health-education.

"Sex Ed State Law and Policy Chart," SIECUS State Profiles, updated May 2020, https://siecus.org/wp-content/uploads/2020/05/SIECUS-2020-Sex-Ed-State-Law-and-Policy-Chart_May-2020-3.pdf.

Letizia Adams, "These Are the States with the Worst Sex Ed," Vice, August

10, 2017, https://www.vice.com/en/article/j55xm3/these-are-the-states-with-the-worst-sex-ed.

11 "WHO publishes first-ever country estimates on unintended pregnancy, abortion," UN News, Global Perspective Human Stories, March 24, 2022, https://news.un.org/en/story/2022/03/1114642.

Bearak, Jonathan Marc, Anna Popinchalk, Cynthia Beavin, Bela Ganatra, Ann-Beth Moller, Özge Tunçalp, and Leontine Alkema. "Country-specific estimates of unintended pregnancy and abortion incidence: a global comparative analysis of levels in 2015-2019. *BMJ Global Health* 7, no. 3 (2022): e007151. dx.doi.org/10.1136/bmjgh-2021-007151.

12 *New York Times*, "Tracking the States Where Abortion Is Now Banned," New York Times, September 23, 2022, https://www.nytimes.com/interactive/2022/us/abortion-laws-roe-v-wade.html.

Kaia Hubbard, Christopher Wolf, "Where State Abortion Laws Stand Without Roe," *U.S. News&World Report*, August 30, 2022, https://www.usnews.com/news/best-states/articles/a-guide-to-abortion-laws-by-state.

13 Pam Belluck, "F.D.A. Will Permanently Allow Abortion Pills by Mail," *New York Times*, December 16, 2021, https://www.nytimes.com/2021/12/16/health/abortion-pills-fda.html.

Spencer Kimball, "Women in States That Ban Abortion Will Still Be Able to Get Abortion Pills Online from Overseas," CNBC, updated June 27, 2022, https://www.cnbc.com/2022/06/27/women-in-states-that-ban-abortion-will-still-be-able-to-get-abortion-pills-online-from-overseas.html.

no.28 이렇게 행동하자

1 American Academy of Family Physicians, "Over-the-Counter Oral Contraceptives," accessed October 2, 2022, https://www.aafp.org/about/policies/all/otc-oral-contraceptives.html.

Grindlay, Kate, Bridgit Burns, and Daniel Grossman. "Prescription requirements and over-the-counter access to oral contraceptives: A global review." *Contraception* 88, no. 1 (2013): 91-96, doi.org/10.1016/j.contraception.2012.11.021.

책임감 있게 사정하라

1판 1쇄 발행 2024년 11월 28일

지은이 · 가브리엘르 블레어
옮긴이 · 성원
펴낸이 · 주연선

(주)은행나무
04035 서울특별시 마포구 양화로11길 54
전화 · 02)3143-0651~3 | 팩스 · 02)3143-0654
신고번호 · 제 1997—000168호(1997. 12. 12)
www.ehbook.co.kr
ehbook@ehbook.co.kr

ISBN 979-11-6737-504-9 (03300)